13 Colors
of the Honduran Resistance

13 colores
de la resistencia hondureña

Melissa Cardoza

El BeiSMan Press

13 colores
de la resistencia hondureña

13 Colors
of the Honduran Resistance

Melissa Cardoza

Translated by
Matt Ginsberg-Jaeckle

El BeiSMan Press

13 colores de la resistencia hondureña
Melissa Cardoza

Edición: Vilma Hinkelammert

Traducción al inglés: Matt Ginsberg-Jaeckle

El traductor agradece a Aracely Galván, Laura Nussbaum-Barberena, Chris Loperena, Vicki Cervantes, Sylvia Escárcega, Elizabeth Lowe y Anastasia Lakhtikova por su apoyo y aporte a la edición.

Fotógrafa: Todas las fotos de MALEVA, tomadas a mujeres del COPINH, durante el evento de la Corte Popular de las mujeres, en La Esperanza, Intibucá.

Serie: letras

ISBN-10: 1539792056
ISBN-13: 978-1539792055

Foto de la página 89 tomada por Sha Grogan-Brown de la Alianza Popular por la Justicia Global durante la visita de la hija de Berta Cáceres, Laura Zúñiga Cáceres, junta con otra compañera del COPINH Rosalina Domínguez Madrid y lideresas y líderes de base de los Estados Unidos a la comunidad de Freddie Gray, sitio del levantamiento popular de Baltimore.

Diseño de portada: Carlos Barberena
Diseño y diagramación: Franky, El BeiSMan Press

13 Colors of the Honduran Resistance
Melissa Cardoza

Translation: Matt Ginsberg-Jaeckle

Original Editor: Vilma Hinkelammert

The translator thanks Aracely Galván, Laura Nussbaum-Barberena, Chris Loperena, Vicki Cervantes, Sylvia Escárcega, Elizabeth Lowe, Anastasia Lakhtikova for editing & support

Photographer: All photos by MALEVA, taken of women of COPINH, during "Grassroots Women's Tribunal" in La Esperanza, Intibucá.

© 2016: Melissa Cardoza

Serie: letras

ISBN-10: 1539792056
ISBN-13: 978-1539792055

Photo on page 89 taken by Sha Grogan-Brown of Grassroots Global Justice Alliance when Berta Cáceres's daughter Laura Zúñiga Cáceres, fellow COPINH member Rosalina Domínguez Madrid and grassroots leaders from across the U.S. visited Freddie Gray's neighborhood, the site of the Baltimore uprising.

Cover design: Carlos Barberena
Design and Layout: Franky, El BeiSMan Press

Nací para luchar, se jodieron los golpistas
(graffiti en la ciudad de Tegucigalpa)

I was born to struggle, the *golpistas* are screwed
(graffiti in the city of Tegucigalpa)

Dedicatoria

Estos son textos de un Golpe que son muchos golpes contra nuestra humanidad rebelde de mujeres que vivimos en un territorio llamado Honduras. El golpe de Estado del 2009 que se extiende sobre nosotras como un mal sin límites, ni saciedad. Un golpe que acabó con la vida de nuestra amada, respetada y entrañable compañera, amiga Berta Cáceres Flores.

Ella, una de las más íntegras dirigentas populares de todos los tiempos, se enfrentó con toda su inmensa fuerza y poder a las y los golpistas señalando que sólo la lucha sostenida del pueblo organizado los derrocaría, lo cual aún no hemos logrado, pero a la que no renunciamos.

Ellos, sus asesinos, que han entregado esa tierra que amó al gran capital, a los militares, los imperios, a la asquerosa ultraderecha internacional y a la mediocre, pero malvada clase poderosa del país que domina y trafica con personas, influencias, ideas, productos y almas.

Es doloroso dedicar este texto a Berta, porque ya no

Dedication

These are chronicles of a coup, of countless coups against our rebel humanity as women who live in a land called Honduras. The 2009 coup d'etat that still surrounds us with its incessant and insatiable evil. A coup that took the the life of our dearly beloved and respected sister and friend, Berta Cáceres Flores.

She, one of the most principled grassroots leaders of all times, confronted the coup's perpetrators with all of her immense strength and power, declaring that only the sustained struggle of an organized people would defeat them; something we have not achieved, but do not renounce.

They, her assassins, have handed over the land she loved to the giants of capital, to the military, the imperial powers, the revolting international ultra-right and the banal but insidious ruling class that dominates the country and traffics people, influence, ideas, products and souls.

It is painful to dedicate this text to Berta, because

contamos con su punzante palabra, y la luminosidad de su sonrisa cómplice e irreverente hecha carne y respiración. Sin embargo, nos queda este hacer, este gesto amoroso y radical de convocar para siempre y en todos los actos su memoria de feminista indígena antiimperialista inclaudicable. Odiaba Berta a todos los poderes opresores y siempre denunció al régimen norteamericano por su histórico afán de someter pueblos, asesinar culturas, masacrar la vida. Amaba, sin embargo, a todas las rebeldías que en ese país, que no llega siquiera a tener nombre propio se desataban, ella encontraba las más hermosas flores insurrectas en el fango neoliberal y pútrido de la nación yanqui.

Por eso sus vínculos con hombres y mujeres nacidos en territorio gringo eran fuertes y respetados, por eso nos mostraba los nombres y rostros que construyen emancipaciones sin nacionalidades ni lenguas extranjeras. La edición de este libro, pues, es parte de los regalos de Berta, hábil para juntar personas y deseos alrededor de las posibilidades de la esperanza, su más grande legado para todas, a la cual una y otra vez nos llama a no abandonar.

Esta edición entonces está dedicada a Berta, inclaudicable guerrera que desde el fondo más antiguo de los tiempos vuelve una y otra vez a levantar su rabia, ternura, voz e imaginación contra los que oprimen, matan, humillan y niegan la vida.

Gracias a ella, canto vital, por seguir sosteniendo las palabras comunes como común es el maíz, el fuego, el amor; lo son los ríos, los abrazos y las luchas.

we no longer have her piercing words, her lumines-
cent, sly and irreverent smile, made of flesh and breath.
Nonetheless, this is what we are left with, this loving
and radical gesture of calling upon the memory of the
unrelenting feminist inidgenous anti-imperialist always and in every action. Berta hated all oppressive
powers and always denounced the U.S. regime for its
historical affinity for dominating people, assassinating
cultures, massacaring life. But she always loved the re-
bellions unleashed in that nameless country, she would
find the most beautiful insurrectionary flowers amidst
the empire's putrid neoliberal filth.

For that reason her connections with men and wom-
en born in gringo territory were strong and respected,
that's why she showed us the names and faces of people building emancipation regardless of nationality or
language. The publishing of this book, in fact, is one of
Berta's gifts, with her skill of bringing together people
and dreams around the possibilities of hope, her greatest legacy of all, which time and again she called on us
not to abandon.

So this edition is dedicated to Berta, the unwavering
warrior who from time immemorial has returned over
and over again to lift up her rage, tenderness, voice
and imagination against those who oppress, murder,
belittle and deny life.

Thanks to her, living song, for continuing to give
life to common words, common like corn, fire, love;
common like rivers, tenderness and struggle.

Prefacio del Traductor

"Esto parece nuestro barrio", dijo uno de los jóvenes mientras miraba por una ventana cubierta en polvo hacia una fila de soldados que sostenían sus AK-47 parados al lado de las curvas precarias del camino montañoso. Era el verano del 2014, cinco años después del golpe de Estado en Honduras, cuando habíamos llevado a un grupo de maestras y jóvenes de Chicago para que fueran testigos de la represión y resistencia inclaudicable del pueblo hondureño. Desde cierto punto de vista, no puede haber dos lugares más distintos que el pueblo montañoso de Río Blanco y los barrios del sur de Chicago. Sin embargo, como sobrevivientes del hostigamiento constante de la policía, del desplazamiento de sus tierras y de la negación de sus derechos, estos jóvenes fácilmente tradujeron la lucha del pueblo hondureño a su propia realidad.

Después de viajar por horas en la camioneta, llegamos al sitio en donde la comunidad había tomado una calle durante varios meses para prevenir que fuera represado el Río

Translator's Preface

"This might as well be our hood," said one of the youth, looking through a dust-covered window at a row of soldiers holding AK-47's along the stark twists of the mountain road. At first glance, few places could seem more different from the Honduran mountain village Río Blanco than the south side of Chicago. It was the summer of 2014, five years after the coup d'état in Honduras, and we had taken a group of teachers and youth from Chicago to bear witness to the relentless repression and resistance of the Honduran people. Themselves survivors of constant police harassment in their neighborhood, displacement from their land, denial of their rights, they easily translated the struggle of Hondurans to their own reality.

After hours in the van we arrived at the site of a road blockade, maintained by the community for months to stop the damming of the Gualcarque River, source of sustenance and spiritual significance for the Lenca

Gualcarque, fuente de sobrevivencia y significado espiritual para el pueblo Lenca que vive en la zona montañosa del occidente de Honduras. Berta Cáceres, quien inicialmente me presentó a la autora de este libro, luego sería asesinada por su defensa de este río, del territorio por el cual fluye y del pueblo que allí vive. Pero eso sería después. En ese momento, ella facilitaba una discusión sobre cómo responder ante los actos entonces recientes de hostigamiento por parte del ejército y a las acusaciones peligrosas de la policía. Rompiendo un breve silencio contemplativo, Karla Lara, traductora musical de las experiencias de su pueblo a lo largo de más de cinco años de resistencia al golpe de Estado, pidió permiso para cantar su famosa reinterpretación del himno nacional. Liberó una melodía suave e impactante que fluyó entre los pinos y llenó el valle, mezclándose con el rugido distante del río y cautivando a todo el mundo presente. Cantó como ha cantado en un sinnúmero de veces durante esta jornada de resistencia hondureña, como lo hace en uno de los cuentos de *13 Colores de la Resistencia Hondureña*, un libro que luego ella sugeriría que yo tradujera.

En *13 Colores de la Resistencia Hondureña*, la luchadora feminista y autora Melissa Cardoza cuenta 13 historias de mujeres de la resistencia hondureña después del golpe de Estado del 28 de julio de 2009 en contra del Presidente Manuel Zelaya. Zelaya había chocado con la oligarquía hondureña y la gente que la respalda en los Estados Unidos. En respuesta a los movimientos sociales hondureños, había aumentado el salario mínimo, apoyado a l@s campesin@s en las luchas por la tierra y entrado en negociaciones con sec-

people who live in this mountainous region of Western Honduras. Berta Cáceres, who first introduced me to this book's author, would later be assassinated for defending this river, the lands it cuts through, and the people who live there. All that would happen later. In this moment, she led a vigorous discussion with the community about how to respond to recent acts of intimidation by the army and dangerous accusations and criminalization by the police. Breaking a brief contemplative silence, Honduran singer Karla Lara, musical translator of a people's experience through five years of resistance to a coup d'état, asked permission to sing her famed reinterpretation of the Honduran national anthem. She let out a soft and powerful melody that flowed through the pine needles and filled the valley, joining with the distant roar of the river and mesmerizing everyone present. She sang out as she has done so many times during this period of Honduran resistance, like she does in one scene in 13 Colors of the Honduran Resistance, a book she would later suggest I translate.

In *13 Colors of the Honduran Resistance*, author and feminist activist Melissa Cardoza tells 13 stories about women from the Honduran resistance in the aftermath of the June 28th, 2009 coup against President Manuel Zelaya. Zelaya had ended up on the wrong side of the Honduran oligarchy and its backers in the United States. Responding to the Honduran social movements, he had doubled the minimum wage, taken the side of peasants in land struggles, entered into negotiations with sectors

tores de la sociedad que siempre habían sido excluidos de la toma de decisiones que los afectaban. Cuando propuso una encuesta para saber si el pueblo quería la opción de votar si se realizaba una posible constituyente, sus enemigos dijeron 'hasta allí no más'. Lanzaron una campaña feroz de desprestigio en contra de Zelaya, acusándolo de ser un títere de Hugo Chávez, un comunista y de querer ser presidente de por vida. Solo tres meses antes del golpe, una representante oficial del Instituto Republicano Internacional había dicho, "en broma", que: "se suponía que los golpes de Estado habían salido de moda hace tres décadas...hasta ahora." Luego, el 28 de junio de 2009, los militares hondureños allanarían la casa del Presidente y lo llevarían en pijamas a un helicóptero a Costa Rica, después de pasar primero por una base militar de EE.UU. en Honduras. Dirigidos por el General Hondureño Romeo Vásquez Velásquez, quien fue entrenado en la Escuela de las Américas en EE.UU., habían llevado a cabo el primer golpe de Estado del siglo veintiuno en Centroamérica. Los militares y la oligarquía hondureña rápidamente impusieron un gobierno interino, deshicieron la mayor parte de las reformas progresivas que Zelaya había iniciado y aprobaron cientos de concesiones para las empresas privadas...incluso el derecho para construir la represa Agua Zarca sobre el Río Gualcarque en la comunidad de Río Blanco. Sin embargo, los golpistas fueron sorprendidos cuando miles de personas en todo el país salieron espontáneamente a las calles. El número de gente, así como la profundidad de su visión y compromiso durante cientos de días de movilización consecutiva, continuaron creciendo

of society that had always been cut off from decisions impacting them. When he called for a referendum on whether to let people vote on re-writing the constitution, his enemies decided to draw a line. They launched an all-out media assault on Zelaya, calling him a tool of Hugo Chávez, a communist, accusing him of trying to stay in power forever. A program officer from the International Republican Institute "joked" just three months before the coup at a briefing in Washington, D.C. about the situation that "coups are supposed to be so three decades ago until now." Then on June 28th, 2009 the Honduran military barged in to the president's house and took him in his pajamas into a helicopter, flying him first to a U.S. base in Honduras and then on to Costa Rica. Led by Honduran General Romeo Vásquez Velásquez, trained in the U.S. School of the Americas, they carried out the first coup of the 21st century in Central America. The military and Honduran oligarchy quickly imposed an interim government, undid most of the progressive reforms underway, and passed hundreds of concessions to corporate interests… including the rights to build the Agua Zarca dam along the Gualcarque River in the Río Blanco community.

To the surprise of the coup's backers, however, thousands of people around the country spontaneously came out into the streets. Their numbers and the depth of their vision and commitment kept growing during hundreds of days of consecutive protest, with fearless women at the forefront.

con mujeres valientes siempre presentes en las primeras filas.

Melissa describe esa etapa como los tiempos "cuando las manifestaciones eran poesía en las calles". No hay nadie mejor que ella para traducir la poesía en las calles en la prosa de las páginas. Una periodista sin miedo, en el país más peligroso del mundo para la gente de su oficio, una lesbiana en una tierra donde las personas LGBT regularmente aparecen como cadáveres en las calles, una activista en un lugar en donde los rostros de l@s desaparecid@s llenan muros, una mujer afro-indígena en una región en donde el racismo sigue asesinando, Melissa es una autora que conoce el significado de la resistencia. *13 Colores de la Resistencia Hondureña* es su obra más íntima e impactante hasta la fecha. Como sugiere el título, es un libro sobre las identidades plurales e interseccionales de aquellos quienes se encontraron en las calles de la resistencia. Y a la vez, es un libro sobre lo que comparten no solamente entre sí, sino con todos los pueblos que luchan por un mundo más justo. Melissa teje juntas las historias de estas 13 mujeres de tal forma que los lectores, sin conocimiento previo de los eventos del golpe de Estado y la resistencia en Honduras, terminan convencid@s de su importancia fundamental para las luchas de liberación en todas partes del mundo.

Esa convicción compartida por l@s jóvenes y maestr@s ese día en Río Blanco, es también compartida por Karla en cada canción que canta, por Melissa mientras documenta la resistencia incansablemente; la convicción por la cual Berta dio su vida, es lo que motivó esta traducción. Estas histo-

Melissa calls those the times "when protests were poetry in the streets." Few people could better turn that poetry in the streets into prose on the page than she. A fearless journalist in the most dangerous country in the world for a reporter, a lesbian in a land where LGBT people regularly turn up as cadavers in the streets, an activist in a place where the faces of the disappeared line countless walls, an afro-indigenous woman in a region where racism continues to take a deadly toll, Melissa is a writer who knows the meaning of resistance. 13 Colors of the Honduran Resistance is her most intimate and impactful work to date. As the title suggests, it is a book about the multiple and intersectional identities of those who found each other in the streets through the resistance. And at the same time it is a book about what they share, not just with each other but with all people who struggle for a more just world. Melissa weaves the stories of 13 women together in a way that leaves readers unfamiliar with the events surrounding the coup and resistance in Honduras convinced of their fundamental importance to liberation struggles everywhere.

That conviction, one shared by the youth and teachers that day in Río Blanco, by Karla in each song she sings, by Melissa as she relentlessly documents the resistance, the one that Berta gave her life for along with so many others, is what motivated this translation. These stories were not easy to translate. They are steeped in Hondureñismos, Honduran words with

rias no fueron fáciles de traducir. Están llenas de hondureñismos que solo tienen equivalentes aproximados en el español de otros países y tan solo un eco en el inglés lejano de los Estados Unidos. Pero es en ese inglés lejano que tantas de las políticas y planes que hacen desatar estos eventos están formulados. De cierta forma, estas no son historias hondureñas, sino americanas, en los dos sentidos de la palabra. Son historias que surgen de los siglos de colonialismo, resistencia, luchas independentistas, dictaduras, revoluciones, intervenciones imperialistas, recursos saqueados, ajustes estructurales impuestos y rebeldías populares que componen la historia de América Latina en los últimos 500 años. Son historias que surgen no solamente de Honduras, sino de todo el continente Americano. Y también son historias marcadas por las huellas de Estados Unidos de América. Historias de un país en donde los dos partidos políticos tradicionales surgen de las empresas bananeras estadounidenses. Historias de un país en donde se maquila la ropa que muchos de nosotros nos ponemos en nuestros cuerpos. Historias de un país en donde el ejército está entrenado y financiado por Estados Unidos. Historias de un país cuyo terreno sirvió como base para lanzar las operaciones de la CIA en contra de las revoluciones de sus países vecinos. Historias de un lugar en donde llueven gases lacrimógenos con las palabras "made in the USA" imprimidas en sus contenedores; en donde llueven balas de helicópteros de la DEA que matan a mujeres embarazadas. Estas historias son tan "americanas" como hondureñas.

Irónicamente, algunas de las palabras más difíciles para

only fuzzy equivalents in the Spanish of other countries, and only an echo in the distant English of the United States. But it is in that distant English that so many of the policies and plans that set these events in motion are hatched. In some ways, these are not Honduran stories but American stories, in both senses of the word. They are stories that spring from generations of colonialism, resistance, independence struggles, dictatorships, revolutions, imperialist interventions, stolen resources, imposed austerity measures, and popular uprisings that make up the history of Latin America over the last 500 years. They are stories that emerge not just from Honduras, but from América as a whole. And they are also stories marked by the footprint of the United States of America. Stories from a country where the two traditional political parties descend from rival U.S. banana companies. Stories from a country where women earning pennies per hour make the clothes we wear on our backs. Stories from a country whose military the U.S. government trains and finances. Stories from a country whose land served as a launching pad for CIA operations to thwart neighboring revolutions. Stories from a place where teargas canisters with "made in the U.S.A." on their side rain down and bullets shot from D.E.A. helicopters kill pregnant women. These stories are as "American" as they are Honduran.

Ironically, some of the most difficult words to translate from Spanish are those that describe policies planned in English. Plans and policies are made in En-

traducir del español son las que describen las políticas planeadas en inglés. Los planes y las políticas se hacen en inglés y se resisten en español. Es significativo que la frase *golpe de Estado* solo existe en inglés como una frase prestada del francés: 'coup d'etat'. La frase en español, *golpe de Estado*, significa literalmente un golpe hecho al Estado y es un vocabulario esencial para entender la historia y la política en Latinoamérica. Aunque ha habido un sinnúmero de golpes de Estado, aún nos falta un vocabulario en inglés para hablar sobre tales eventos. Es como si el preservar el sonido extranjero del lenguaje de una intervención, pudiera esconder la realidad de esas intervenciones que no son historias de "otros" pueblos en otras tierras, sino que nosotros mismos, nuestro gobierno, nuestros impuestos, somos personajes, utillajes, actores en esas historias. Este engaño lingüístico y político dificulta aún más el trabajo del traductor.

En Honduras, un país que ha vivido varios golpes, existen varias palabras derivadas del término *golpe de Estado*. Principal entre ellas está *golpista*, palabra que puede significar quienes planearon, ejecutaron, financiaron o apoyaron el golpe. Una de las hijas de Berta me contó una vez que después del golpe de Estado, esa palabra se convirtió en un insulto entre estudiantes durante los recesos escolares, que a veces significaba 'matón' y a veces 'lambiscón'. Se usa como sustantivo y adjetivo. La prensa que esconde los abusos de derechos humanos es golpista. Las actitudes y acciones opresivas son golpistas. Y luego están las formas en las que el término *golpe de Estado* ha sido utilizado para conectar la violencia del Estado con la violencia doméstica, como

glish and resistance against them is waged in Spanish. It is telling that the word "coup d'etat" only exists in English as a borrowed phrase from French. The Spanish word, golpe de estado, literally a "hit on the state," is essential vocabulary to understanding Latin American politics and history. Even though countless coups have been planned and executed either directly by or with the complicity of the CIA and State Department, still we lack a vocabulary in English to talk about such events. It is as if by preserving the foreignness of the language for interventions we can hide the reality that those interventions are not just stories of "other people" somewhere else, but that we, our government, our tax dollars, are characters, props, actors in those stories. This linguistic and political deceit makes the translator's job that much more difficult.

In Honduras, which has lived through several coups, there are numerous words derived from the term golpe de estado. Principal among them is golpista, which can refer to those who planned, plotted, financed, perpetrated, or supported the coup. One of Berta's daughters once told me that in the aftermath of the coup, it turned into an insult between students during recess, with kids using it to mean both bully and kiss-ass. It is both noun and adjective. The press that whitewashes human rights abuses during the coup is called golpista. Oppressive attitudes and actions of all sorts are decried for being golpista. And then there are the ways the term golpe de estado has been stretched

cuando las feministas en resistencia usan el lema "ni golpes de Estado ni golpes a las mujeres", cuya traducción literal al inglés sacrificaría no solamente su ritmo y uso creativo de las palabras, sino también el impacto de su contenido político.

Este solo es un ejemplo de los muchos retos que enfrenté durante la traducción de los *13 Colores de la Resistencia Hondureña* al inglés. En el proceso de traducir, intenté recrear en inglés los olores, sonidos, imágenes, sentimientos de las mujeres que describe Cardoza y, al mismo tiempo, hacer uso de los lenguajes de resistencia de la gente marginada dentro de Estados Unidos, pues, al final de cuentas, si l@s jóvenes pueden mirar a la gente de Río Blanco cuando enfrenta a los militares y luego traducir fácilmente eso a sus propias experiencias de hostigamiento y violencia por parte de la policía de Chicago, es porque estas no son historias aisladas del "otro". Estas son historias que apuntan hacia el deseo universal de lograr la libertad, la alegría y esperanza que espontáneamente irrumpe en medio de los tiempos más difíciles, la intersección de mundos, la resistencia y determinación de los pueblos en todo el mundo que se atreven a soñar y a resistir.

to connect state violence to domestic violence, with feminists in the resistance raising the slogan, "ni golpes de estado ni golpes a las mujeres," meaning literally, "neither coup d'états nor beating of women," a slogan whose literal translation into English would sacrifice not just its rhythm and play on words but the impact of its political content.

This is just one example of the many challenges I faced in translating the "13 Colors of the Honduran Resistance" into English. Throughout the translation, I attempted to re-create in English the smells, sounds, images, feelings of the real life characters Cardoza describes, while also drawing on the languages of resistance of the people at the margins of the United States. After all, if youth can watch the people of Río Blanco face down the military and easily translate their own experience with police brutality in Chicago, it is because these are not isolated stories of an "other." These are stories that speak to the universal yearning for freedom, to the joy that erupts spontaneously in the midst of difficult times, to the intersections of worlds, to the resilience and determination of people everywhere who dare to dream and resist.

Uno

One

El 28 de junio del 2009 se llevaría a cabo la consulta popular, después nombrada encuesta de opinión, para preguntar al pueblo hondureño, en las elecciones de noviembre de ese año si estaba a favor o no de la convocatoria a una Asamblea Nacional Constituyente. Esa madrugada, a balazos y empujones sacaron al presidente Manuel Zelaya de Honduras llevándolo en piyama a Costa Rica. Así se hizo efectivo el Golpe de Estado. Mientras los militares tomaban las instalaciones del gobierno y sacaban sus armamentos y soldados a la calle, miles de personas se levantaron espontáneamente a exigir el regreso del presidente y el castigo para los golpistas. Se inició una nueva etapa de la historia política nacional. Se inauguró el movimiento nacional de resistencia popular, una gesta histórica sin precedentes, sin duda alimentada por los años de organización y movilización del pueblo y sus demandas por la justicia, la libertad y la igualdad social, con nuevos componentes de movimientos más jóvenes como el feminista, y el de las disidencias sexuales que antes de este tiempo se mantuvieron en espacios alejados de los gremios y otras organizaciones. Esta etapa tiene además la compañía fresca y novedosa de miles de personas que nunca estuvieron organizadas en grupo alguno y que ahora se nombran a sí mismas con una gran identidad: La Resistencia Popular.

On June 28th, 2009 a popular referendum, later called an opinion poll, was to take place to ask if the Honduran people wanted to vote in the November elections on whether to convene a National Constitutional Assembly. As dawn broke the military barged in with gunfire and forcibly removed President Manuel Zelaya from Honduras, taking him in his pajamas to Costa Rica. Thus began the coup d'état. While the military took control of government institutions and deployed its weaponry and soldiers on the streets, thousands of people spontaneously rose up to demand the return of the president and punishment for the *golpistas*, the people who perpetrated the coup. It marked a new period in Honduran political history. A national movement of people's resistance was born, an unprecedented historical feat, fueled without a doubt by years of organizing and mobilization among people demanding justice, freedom and social equality, now bolstered by younger feminist and LGBT movements that had previously been isolated from the unions and other movement sectors. This new period has also seen the refreshing involvement of thousands of formerly unorganized people who have assumed a powerful identity: The People's Resistance.

En palabras del dramaturgo Rafael Murillo Selva: "Para noso-
tros los hondureños y hondureñas, esto es un hito histórico, una
ruptura histórica de gran envergadura, es una continuación de
la gesta morazánica, es el evento más importante en la supuesta
historia republicana de este país"

El sol en la costa hondureña es un sol despiadado. No tiene
misericordia de las pieles humanas, de los verdes vegetales,
ni siquiera del asfalto, al que logra doblegar. Y ese 29 de
junio del 2009 era aún más inclemente, ardía como la furia
de la gente que se juntó en los parques centrales. Cientos de
personas se fueron sumando a un plantón que se extendía
por todas las ciudades y comunidades de Honduras. Ahí,
movida por la indignación, se arremolinaba la gente con sus
camisetas de organizaciones populares, de la cuarta urna[17],
del partido liberal, del movimiento de mujeres y de la se-
lección nacional o los equipos de fútbol favoritos. Llegaban

---

[17] La cuarta urna fue el motivo explícito por el cual acusaron al
presidente Zelaya de violar la Constitución de la República. Era
una urna que sería colocada en las elecciones de noviembre del
2009, donde el pueblo de Honduras iba a ser consultado para
convocar a una asamblea constituyente que modificara el texto
constitucional, básicamente. Los golpistas argumentan que lo
que pretendía Zelaya era modificar artículos pétreos para reele-
girse. La cuarta urna tenía gran simpatía popular, al igual que
el propio Mel.

In the words of the playwright Rafael Murillo Selva: *"For us as Hondurans this is an historic milestone, a far-reaching historic rupture, a continuation of the achievements of Morazán, the most important event in the history of this country's so-called independence."*

The sun of the Honduran coast is a ruthless sun. It has no mercy for human skin, for green vegetables; even the asphalt gives in. And on June 29th, 2009 it was even harsher, it burned like the fury of the people who gathered in the central parks. Hundreds of people were joining protests that swept through all the cities and communities of Honduras. There, moved by indignation, people crowded around wearing t-shirts of their grassroots groups, of the fourth ballot box[17], of the Liberal Party, of women's movements, of the national soccer team or their own favorite soccer clubs. They

---

[17] The cuarta urna, or fourth ballot box, was the explicit reason for which they accused President Zelaya of violating the Constitution of the Republic. It was a ballot box that would be put out in the November 2009 elections where the people of Honduras would be consulted about convening a constitutional assembly, basically to modify the constitutional text. The golpistas argued that what Zelaya was trying to do was modify its inviolate articles (artículos pétreos) in order to be re-elected. The fourth ballot box, like Mel himself, received great sympathy from the people.

con gorras, sombrillas, sombreros. Traían a sus niños y niñas, sus abuelos, vecinas, mascotas. Intercambiando estupor, rabia, lágrimas, *¿Cómo era posible que nos hicieran algo como esto?*, *¿Cómo se atrevían a arrebatarnos por enésima vez tan poco, ellos que tienen tanto? Ni que estuviéramos arrebatándoles la riqueza, cabrones. ¿A quién se le ocurrió algo tan malvado? ¡Seguro que a los gringos, a quién más¡*

Así fue como se expresó con claridad los rostros de quienes son los que son y lo han sido por siglos. Ahí emergió la Resistencia contra el golpe de Estado; ahí se evidenció quiénes eran los golpistas y quiénes no, y ahí mismo quedaron atrapados los dudosos en un conflicto polarizado que todavía se mantiene.

Bajo ese terrible sol se curtirían las pieles de miles de personas que marcharon consecutivamente por meses, en todo el país, buscando una ruta pacífica para volver a una democracia, una desgraciada democracia menos peor que lo que ya se asomaba a partir del mal llamado Michelleti y pandilla.

En medio del bullicio y la ira vi a una mujer que salía de un taxi blanco, frío por dentro como un congelador, manía que tienen los ceibeños[18] de conducirse en una realidad dentro del carro y otra fuera. La mujer caminaba lentamente, abrió sin prisa su sombrilla rosada. Era una mujer negra, con el pelo sujeto por inventos de la estética garífuna[19]. De

---

[18] Ceibeños son los habitantes de La Ceiba, ciudad costeña de Honduras donde la temperatura siempre es alta.

[19] Garífunas: son negros traficados de África que naufragaron en San Vicente donde se mezclan con indios caribes y que llegaron en el siglo XVIII a las costas de Honduras, Belice, Guatemala y Nicaragua.

came wearing caps, umbrellas, *sombreros*. They brought their kids, their grandparents, their neighbors. They shared shock, rage, tears, *How could they do something like this to us? How dare they steal what little we've got for the bazillionth time, don't they have enough? We weren't even taking your wealth, filthy bastards. Who plots something so evil? Gotta be the gringos.*

Throughout the country, with that same clarity people expressed the reality of those who are what they are and have been so for centuries. That is where the Resistance against the coup d'état emerged, that is where it became clear who was with the coup and who was not, and those on the fence were stuck in a polarized conflict that continues to this day.

That terrible sun scorched the skin of thousands of people as they marched day after day for months throughout the country looking for a peaceful path back to democracy, a feeble democracy, yet not as bad as what could be seen emerging from Michelleti and gang, as they were called.

In the midst of the commotion and the anger, I saw a woman get out of a white taxi that was as cold as a freezer inside, a crazy trait of Ceibeños,[18] driving with one reality inside the car and another outside. The woman walked slowly, calmly opening a pink umbrella. She was a black woman, with her hair held together by a miracle and by the inventiveness of Garífuna[19] hairdressing. She had an ageless

---

[18] Ceibeños are the residents of La Ceiba, a coastal city in Honduras where the temperature is always high.

[19] Garífunas are the black people trafficked from Africa who shipwrecked in Saint Vincent where they mixed with Caribbean Indians and in the eighteenth century came to the coasts of Honduras, Belize, Guatemala and Nicaragua.

rostro sin años, traía colgada del hombro una cartera de color cobrizo. Su ropa era limpia y planchada, blanco el blusón y naranja la falda, larga, larguísima. Entre sus manos traía una Biblia enfundada en piel.

El relajo gobernaba la plaza donde se decidían cosas de última hora, se hablaba en varios altavoces al mismo tiempo, se contaba dinero y contestaban celulares, se tomaba agua de unos carros de paila que la traía por montones. El sindicato del agua la proveía, como lo haría por meses, cuidando de la deshidratación a su masa sindical de pronto ampliada y activa, aunque todavía no tenía idea de cuánta agua se iba a requerir para andar por cientos de días en calles que recogen el reclamo para abandonarlo igualmente. Pero eso lo sabrían después.

La mujer caminó hacia el cordón militar. Como suele suceder en estos casos, los militares salieron a la calle con todos sus artefactos de guerra. Sacaron sus armas compradas con dinero del pueblo en contra del pueblo. Montaron metralletas, pasearon tanques, estrenaron carros y helicópteros. El defenestrado presidente Zelaya les regaló sus últimos juguetitos y felices los sacaron a mostrar, a intimidar, a matar. Otros gobiernos del mundo los apoyaron logísticamente, -aún se guardan para el museo de la resistencia cápsulas vacías de gases lacrimógenos donados por Perú-. La burguesía nacional hizo lo propio, se supo que los dueños de las tiendas Larach habían donado a la policía de Tegucigalpa cabos de pala para golpear manifestantes.

El cordón militar se extendía protegiendo el acceso a la alcaldía, los que dirigían el operativo hacían su papel de

face and a copper-colored purse hanging from her shoulder. Her clothes were clean and ironed, a long white blouse and an orange dress, long, very long. In her hands she clasped a leather-bound Bible.

The plaza was chaotic, with decisions being made last minute, loud voices all talking at once, money being counted and cell phones answered, water being passed out from trucks that brought tons of it. The water workers' union provided it, as it would for months, to prevent the dehydration of the quickly growing and active union rank-and-file, though they still had no idea how much water they would need to march for hundreds of days through streets that swell with indignation and then release it, over and over again. But they would find out later.

The woman walked towards the army line. As tends to happen in these times, the military had deployed to the streets with all of their tools of war. They took out their weapons, bought with the people's money, to use against the people. They set up machine guns, drove around in tanks, showed off new cars and helicopters. The ousted President Zelaya had given them their latest toys and they happily brought them out to show off, to intimidate, to kill. Other international governments gave them logistical support (people are still saving empty teargas shells donated by Perú as historical artifacts). The national bourgeoisie did the same; it was known that the owners of the Larach stores had donated the dowels from shovel handles for the Tegucigalpa police to use as batons for beating protesters.

The military line surrounded the city hall, with the boss-

jefes y se protegían con caros anteojos *ray ban*. Algunos eran claramente extranjeros, o eso parecía. El resto de los soldados cumplía su función. Estaban ahí siguiendo órdenes, unos atontados, otros recios.

Entre el cordón militar y las mantas de la movilización popular que repudiaba el golpe, mantas rojas y negras mayoritariamente, había un espacio prudencial, acaso interrumpido por un perro, una bolsa de plástico o un bolo que gritaba *¡Qué viva Mel!* Meses después, esta misma expresión le costaría la vida a un obrero que volvía de su trabajo en bicicleta, asesinado por policías desde una patrulla, un obrero enterrado por su familia que no conocería la justicia.

Todo lo que ocurriría después.

Hasta ese espacio, aún tierra de nadie, círculo de posible disputa, llegó la mujer negra de la sombrilla rosada. Midió el sitio y ubicó su lugar, cerró la sombrilla, miró al cielo y abrió la Biblia como lo hace quien sabe precisamente qué hacer. Leyó con una voz alta, hermosa y firme, sosteniendo con una mano el libro sagrado y con la otra haciendo gestos hacia el firmamento y hacia los soldados. No puedo repetir con precisión qué dijo entonces, sé que habló de la verdad, de la misericordia, de los ricos y los fariseos, del reino de dios. Los soldados se veían disimuladamente, algunos reían, otros bajaban la cabeza, y hay quien dice que vio a uno de ellos llorando. Eso no lo sé. Sé que esta señora cerró el libro, lo alzó ofreciéndolo al cielo y cerrando los ojos ante el sol, exclamó para ser escuchada: *Señor, Padre de los cielos, de los mares, de la tierra y el aire. Mirá a tu pueblo que lucha por la justicia y acompañalo. Te pido señor, te suplico que volvás estas*

es directing the operation from behind expensive Ray Ban sunglasses. Some were clearly foreigners, or looked like it anyway. The rest of the soldiers played their part. They were there following orders, some confused, others eager.

Between the military line and the protest banners repudiating the coup, mostly red and black banners, there was an empty space, crossed from time to time only by a dog, a plastic bag, or a drunkard shouting, Long live Mel! Months later, that same expression would cost a worker his life, headed home from his job on his bicycle, assassinated by police from their patrol car, a worker who will never know justice, buried by his family. All that would happen later.

The black woman with the pink umbrella walked right up to that space, still an unclaimed circle of potential dispute. She sized up the area and found herself a spot, closed the umbrella, looked at the sky and opened the Bible like someone who knows exactly what to do. She read with a loud, beautiful and firm voice, holding up the sacred book with one hand and making gestures towards the heavens and towards the soldiers with the other. I can't repeat exactly what she said, though I know that she spoke of truth, of mercy, of the rich and the pharaohs, of the Kingdom of God. The soldiers watched sheepishly, some laughed, others lowered their heads, and some folks say they saw one of them crying. That I don't know. I know that this woman closed the book, raised it up and offered it to the sky and, closing her eyes beneath the sun, exclaimed in order to be heard: *Lord, Father of the heavens, of the seas, of the earth and the air. Watch over your people who struggle for justice and stay with them. I ask You Lord,*

alimañas al fondo de la oscuridad infernal de donde salieron. Que tus hijas e hijos, señor, no sean tocados por la maldad de estos seres que intentan arrancar la justicia y la vida de esta tierra hondureña, nuestra tierra y la tuya.

Ya el silencio se había instalado en la plaza y un círculo de gente protegía la espalda húmeda de la señora, su frente alzada brillaba como un pájaro de oscura luz. Mantuvo esta posición durante segundos en los que parecía que algo extraordinario estaba ocurriendo. El jefe del pelotón que acordonaba el sitio salió de un extremo de la calle y se acercó a uno de los líderes del movimiento en resistencia, un veterano líder sindical bananero que conocía al militar de tiempos de fútbol compartido. *Oíme,* le dijo, *yo sólo estoy cumpliendo órdenes de arriba, haceme un favor y llevate a la doña de la Biblia que me tiene nerviosos a los muchachos.* El líder, más sorprendido que divertido, le sonrió y palmeó la espalda, *no me digás que tus soldados le tienen miedo a una pastora evangélica.* El jefe no contestó. Dio la vuelta, silbando suavemente como los niños que tienen miedo a la oscuridad, y volvió a su puesto de mando. El líder sindical se acercó al kiosco del parque y pidió una limonada. *No me le ponga tanto hielo,* solicitó.

No fuera a dañarle la garganta a tan hermosa representante de la justicia divina sobre la tierra.

I beg you to send these scoundrels to the depths of the infernal darkness from whence they came. May your daughters and sons, Lord, not be touched by the evil of these beings who try to uproot justice and life from this land of Honduras, our land and Yours.

Silence fell upon the plaza and a circle of people guarded the moist back of the woman, whose forehead rose like a sparrow, glistening like diamonds emerging from coal. She held that position for seconds and it felt like something extraordinary was taking place. The commander of the military unit that surrounded the area came out at one end of the street and went up to one of the leaders of the resistance movement, a veteran leader of the banana workers union who knew him from playing soccer together. *Listen man,* he said, *I'm just following orders from up top... do me a favor and take that woman with the Bible away she's got my guys nervous.* The leader, more surprised than amused, smiled at him and gave him a pat on the back, *don't tell me that your soldiers are afraid of an evangelical pastor.* The commander didn't answer. He turned around, whistling softly like kids who are afraid of the dark, and went to resume his position. The union leader went up to the park's kiosk and ordered a lemonade. *Not too much ice,* he asked.

He didn't want to harm the throat of such a beautiful incarnation of divine justice on earth.

Dos

Two

Desde que se instaló el gobierno de facto de Micheletti y los gobiernos continuadores, los espurios gobiernos de Lobo Sosa y Juan Orlando Hernández, la comunidad LGBTI ha sido el sector de la población en resistencia más agredido. Activistas homosexuales, como Walter Tróchez, fueron perseguidos y asesinados por su acción política contra el Golpe. La lista de crímenes dirigida a la población travesti superó las 20 personas sólo en la época de toques de queda y el número no ha dejado de crecer hasta estos días. La saña sobre los cuerpos es la clara expresión del odio hacia la diferencia de prácticas sexuales y vidas amorosas.

La comunidad de la diversidad sexual, como se autonombran, ha encontrado en las calles y los discursos resistentes una rebeldía y un descontento popular parecido al propio, y aprovechan para sacar del clóset sus propuestas, sus modos de entender y vivir la política, el amor, las luchas. Acciones propias en las marchas, sistemática documentación audiovisual de hechos y palabras de la resistencia, pronunciamientos y participación en todos los espacios organizativos del movimiento han constatado ante la cultura hondureña que en el país sí existen lesbianas, homosexuales, travestis y transexuales, y se interesan por la política para todas y todos. La comunidad LGBTI politiza su experiencia junto al resto del pueblo hondureño con la certeza de que **No hay libertad política don-**

From the moment Micheletti's de facto government took power and continuing throughout the illegitimate government of Lobo Sosa and now Juan Orlando, the LGBT community has been the most attacked sector of the population in resistance. Homosexual activists like Walter Tróchez, who was kidnapped and later gunned down in broad daylight, were violently persecuted and assassinated for their anti-coup activism. More than 20 trans people were viciously attacked just during the initial period of imposed curfews and the number of dead has not stopped growing since those days. The violence directed against the bodies is a clear expression of hatred towards different sexual practices and love lives.

People in the *comunidad de diversidad sexual,* the "sexually diverse community," as they call themselves, have found in the streets and in the discourse of the resistance a rebelliousness and popular discontent similar to their own, and have seized the opportunity to bring their ideas out of the closet, their forms of understanding and living politics, love, struggles. Through autonomous actions during marches, systematic audiovisual documentation of what the resistance says and does, declarations and participation in the organizing

de no hay libertad sexual y que las luchas ya no pueden hacerse separadas, ni una va primero, ni una es más importante que las otras.

Para las insurrectas autónomas

Kenia, Yesenia, Alondra son algunos nombres tomados de sueños, de películas, de farándulas. Estas. que son mujeres de noche, de día nadie sabe quiénes son, qué hacen y dónde están. Sus vidas oscilan entre las expresiones de ridículo hacia sus cuerpos construidos a imagen y semejanza del deseo propio, y la venta de servicios sexuales a hombres que pagan clandestinamente con dinero una sexualidad que no logran admitir en palabras al sol.

Las travestis son tantas en la ciudad de Tegucigalpa que pueblan esquinas completas a ciertas horas. Desfilan con cuerpos esculturales en ropas alucinantes y generan inquie-

spaces of the movement, they have demonstrated to Honduran society that the country has lesbians, homosexuals, cross-dressers and transsexuals, and that their struggle is everyone's struggle. The LGBT community politicizes its experience along with the rest of the Honduran people with the certainty that *There is no political freedom where there is no sexual freedom* and that struggles can no longer remain separated; not a single one comes first or is more important than any other.

For the autonomous insurgents

Kenia, Yesenia, Alondra are names taken from dreams, from movies, from shows. These are women of the night; during the day nobody knows who they are, what they do or where they go. Their lives oscillate between receiving ridicule towards their bodies, built in the image and likeness of desire itself, and selling sexual services to men who clandestinely pay money for a sexuality they would never speak of in daylight.

There are so many cross-dressers in the city of Tegucigalpa that they take up entire corners during certain hours. They parade their sculpted bodies in fabulous clothes and

tud, miedo y sorpresa. A mi sobrina Luna le parecen bellas y admirables. Son en su mayoría pobres, como casi todo la hondureñidad. Trabajan en la calle y viven la mayor parte de su vida en condiciones duras, y muchas son parte de la resistencia por que han visto en la calle la injusticia y la conocen, y porque algunas están organizadas en un movimiento autonombrado de la diversidad sexual, que pese al conservadurismo nacional, ha crecido en los últimos años, tanto en número como en propuesta.

Una tarde, el COPINH[17] decidió hacer una crucifixión colectiva. Se levantaron las cruces en la Plaza de la Resistencia, antes parque La Merced, y ahí sus cuerpos indígenas fueron tomando la posición de quien ellos consideran un perseguido y sacrificado por otro orden imperial y violento, aquel Jesús católico. Se van turnando las mujeres, los hombres. La gente pasa y mira y pregunta. Se explica la razón de que se haga una actividad con esta carga simbólica para quienes no la entienden, que son la minoría. Hay quien simpatiza y se queda a conversar, a entender, a descubrir a sus pueblos de origen, de quienes sólo se conocen historias pasadas en polvosos libros escolares.

De este tumulto emergen dos travestis. Una de ellas tiene un vestido con lentejuelas en el escote, y como aún hay mucha luz, el reflejo chilla en la mirada. Haciendo juego, su minúscula bolsa brillante casi desaparece en una mano muy grande, y todo se balancea cuando ella avanza con sus enor-

---

[17] Consejo Cívico de Organizaciones Populares e Indígenas de Honduras. Una de las organizaciones de lucha de los pueblos indígenas en el país que ha sido pilar de la resistencia popular.

provoke discomfort, fear and surprise. To my niece Luna, they're beautiful and admirable. They are mostly poor, like almost all Hondurans. They work in the streets and live most of their lives in tough conditions. Many joined the resistance because they have seen and lived injustice in the streets. Some were already organized into a movement that calls itself sexual diversity, which despite the country's conservatism, has grown in recent years both in numbers and vision.

One afternoon, the indigenous organization COPINH[17] decided to do a collective crucifixion. They put up crosses in Resistance Plaza, formerly called *parque la merced* - Mercy Park. Their indigenous bodies assumed the position of the man who they see as someone persecuted and sacrificed by another imperial and violent regime, the Catholic Jesus. The women and men took turns. People passed by, looking and asking questions. They explained the reason for this symbolically loaded action to the few people who didn't understand it. Some sympathized and stayed to talk, to understand, to learn about the people they come from, who they only know from outdated history in dusty schoolbooks.

Two cross-dressers came over during the commotion. One of them was wearing a dress with sequins along the collar, and since there was still a lot of light, the reflection gleamed in her eyes. Her petite and shiny bag almost disappears in a

---

[17] Consejo Cívico de Organizaciones Populares e Indígenas de Honduras (Civil Council of Popular and Indigenous Organizations of Honduras). One of the organizations of the indigenous struggle in the country that has been a pillar of the people's resistance.

mes tacones. A su lado, su compañera se ordena la cabellera rubia y peinada y unos aretes largos. Empiezan la jornada de trabajo y se dirigen a los lugares donde con suerte encontrarán clientes.

Los compañeros lencas[18] observan con mucha sorpresa en los ojos a estas dos mujeres que parecen hombres, según me dirían después, confundidos y haciendo preguntas que nunca se habían preguntado sobre cuerpos, formas, intentos, modos de vivir. Pero no es esto lo que relatarán en sus lejanas comunidades de procedencia cuando platiquen su encuentro con estos personajes, junto a un fogón y café caliente, rodeados de niñas y niños que no quieren dormirse temprano para no perderse los cuentos de los que andan en la Resistencia en la capital. En ese entonces, reunidos con su familia y vecinos de la comunidad, cuando hablen para entender los caminos de la lucha y de quienes luchan, y cómo cada uno tiene su propuesta que el otro a veces ni conoce o no entiende porque no sabe, con las luces del fogón en los rostros, recordarán con detalle la escena.

Una de estas desmesuradas mujeres se acercó a las cruces, escogió, según dijo, la más bonita, y dejando al cuido de alguien de confianza sus enormes y caros zapatos afilados, se subió a ella. Ahí, brillante y glamorosa, se unió a la crucifixión, sin importarle dónde quedaba Galilea o el Gólgota, impulsada por este pueblo en resistencia que, si como dice, lucha por los marginados, debería incluirla, así como a su

---

[18] Lenca es el nombre del pueblo indígena más numeroso en el país, a ese pueblo pertenece Lempira, el cacique que enfrentó la colonia.

large hand as she plays with it, and everything was swinging as she walked forward on her enormous high heels. Beside her, her *compañera* adjusted her combed blond hair and long earrings. They were just starting the workday, heading to the places where with any luck they would find clients.

The Lenca[18] *compañeros* watched these *two women who look like men,* as they described them to me later, with astonishment in their eyes, confused and asking questions that they had never considered about bodies, shapes, intentions, ways of living. But that's not what they would talk about back in the distant communities they come from when they would recall the encounter, sipping hot coffee and adding wood to the stove, surrounded by children who didn't want to go to sleep early lest they miss the stories of the Resistance in the capital. In those moments, together with family and neighbors from the community, with the flickering of the stove's fire lighting their faces, they would try to make sense of the paths of struggle and the people who make them, people who all have their own visions that others aren't always aware of or don't understand because they don't know. They will remember the scene in detail.

One of these uninhibited women went up to the crosses and chooses what she said was *the prettiest one.* Leaving her enormous and expensive high-heeled shoes in the care of someone trustworthy, she climbed onto it. There, shining and glamorous, she joined in the crucifixion, not caring

---

[18] Lenca is the name of the largest indigenous group in the country, the people of Lempira, the chief who led the resistance against colonialism.

abuela, una lenca de la comunidad que tuve que dejar por mi manera de ser, dijo a quien quisiera saberlo.

Erguida en la alta cruz que apuntaba al pálido azul de la tarde capitalina, Kenia, Yesenia o Alondra sintió correr en su sangre la sangre de su abuelo Lempira.

where Galilee or Golgotha are, compelled by this people in resistance. *If they are struggling for the marginalized they should include me,* she told anyone who wanted to know. Her grandma, after all, was a Lenca woman *from the community that I had to leave because of how I am.*

Upright upon the tall cross, pointing towards the pale blue of evening in the capital, Kenia, Yesenia or Alondra felt the blood of her grandfather Lempira running through her veins.

Tres

Three

En Honduras existen feminismos que abrevan de fuentes diversas y tienen prácticas igualmente distintas. La CODEMUH, Colectiva de Mujeres de Honduras se define como una organización feminista que en sus orígenes, al igual que otros grupos como la desaparecida Red de Mujeres de la Zona Norte y la Colectiva Engavilladas, privilegiaron prácticas que se han ido perdiendo dentro del feminismo, la del autocuidado, la del tiempo para escuchar y entender los dolores, los recuerdos terribles y dolorosos, las penas y alegrías que en colectivo se curan y se comparten y que son corazón de las luchas.

Como casi todos los movimientos sociales sujetos al vértigo patriarcal y golpista que nos trae y nos pone donde quiere, la mayoría de las "agendas" de los proyectos políticos dejan por fuera las emociones y las búsquedas de la salud mental y el espíritu. Desafortunadamente, cuando llega la hora de proyectar futuros colectivos volvemos a deshumanizarnos, y nos vemos como gente con necesidad material, pero no con deseo, con dolor, con rabia, con sueños. De una en una, las feministas vamos señalando que no podemos mantener la izquierdísma idea de que para luchar se exige un cuerpo y un espíritu mítico, donde no cabe ni el lamento, el miedo, la duda. Un ser, "el nuevo hombre", que sólo está representado por aquellos que ya están muertos o quienes deben escon-

In Honduras there are feminisms, each drawing from a diversity of sources and having equally distinct practices. CODEMUH, the Honduran Women's Collective, defines itself as a feminist organization that since its inception, as with other groups like the extinct Network of Women of the Northern Region and the *Colectiva Engavilladas,* has prioritized self care. They have maintained practices that have been fading away within feminism, taking time to listen to and understand sorrow, terrible and painful memories, shame and joy, that which is healed and held collectively, the heart of all struggles.

Like almost all social movements subject to the patriarchy and *golpista* vertigo that takes hold of us, most political "agendas" leave aside emotions and the search for mental and spiritual health. Unfortunately, when the time arrives to project collective futures we dehumanize ourselves again, and we see ourselves as people with material necessities, but without desire, without pain, without rage, without dreams. One by one, we feminists point out that we cannot perpetuate the infantile leftish ideal that to struggle one needs a mythical body and spirit, where there is no room for crying, for fear, for doubt. The ideal of Che's so-called "the

der su vergüenza humana llena de errores, voluntades y tristezas. Algunas feministas decimos que así no puede seguir la cosa.

A Zoili y su persistente aroma rebelde

Cuando la maquila llegó a Honduras, la ciudad de Choloma, antigua y pequeña, más o menos polvosa y cruzada por un río, parecía ser lo que siempre fue: un viejo territorio indígena con amplias zonas rurales verdes y hermosas. No había el horizonte de cuartos de cemento y zinc, naves industriales enormes y ruido de autobuses todo el día, que hay hoy, y mucho menos se diría lo que hoy se asegura, que es una de las ciudades con más violencia en la zona norte del país.[17]

Cuando la Colectiva de Mujeres Hondureñas, CODE-MUH, llegó ahí, trabajando con opciones de comida a base de frijol de soya; y conversaciones largas sobre las vidas

---

[17] Dos ciudades de Honduras, San Pedro Sula y Tegucigalpa, se encuentran en la lista de las diez más peligrosas del mundo.

New Man," embodied only by those who are already dead, urging us to hide our shame as humans full of mistakes, desire, and sadness. Some of us feminists say that things can't continue like this.

To Zoili and her persistent rebel aroma

When sweatshops came to Honduras, the city of Choloma, ancient and small, somewhat dusty and crossed by a river, seemed to be what it always was: an old indigenous territory with broad green and beautiful rural areas. There was no horizon of cement rooms and metal roofs, enormous industrial ships and noise of buses all day like there is today, much less would anyone say what everybody knows today, that it is one of the most violent cities in the Northern area of the country.[17]

When the Honduran Women's Collective, CODEMUH, got there with their soy foods and long conversations about their own lives, other women were also coming from all

---

[17] Two Honduran cities, San Pedro Sula and Tegucialpa, are on the list of the ten most dangerous in the world.

propias, las mujeres estaban también llegando de muchos lados atraídas unas por las otras y la "oportunidad" de ser explotadas asalariadamente en un centro maquilero, ante la ausencia total de ingresos en el campo, más y más empobrecido. Asistían con energía y buen ánimo a eso que se llama trabajo en Honduras y que se supone debe agradecerse, —como es en todo el mundo—: círculos de explotación inagotables que generan una enorme riqueza para transnacionales textileras o de tecnología.

Como suele ser su costumbre, las mujeres de la CODEMUH se juntaron para hablar de lo que pasaba en el país y cómo impactaría en la vida de su organización y en la propia. Entonces hablaron del golpe de estado y de cómo ser parte de esta fase de la Resistencia con su discurso y su cuerpo feminista, ellas con tanta experiencia en resistir al orden patriarcal en todos los ámbitos de sus vidas. En la cama y la cocina, en la fábrica y los movimientos, en la vida entera.

En una de esas asambleas llenas de mujeres jóvenes y veteranas que ya no son carne de maquila, pero se responsabilizan por hacer el trabajo político conjunto, se discutía una vez más la lucha y la manera de estar en ella, los problemas más graves de organización y el tema tan difícil de cómo "aliarse" con quienes deberían ser sus compañeros, pero que continuamente las desconocen por no ser una organización de tradición sindical, sino de mujeres.

Una mujer nacida en un pueblo de mayas hablaba haciendo entender su profunda palabra con sencillez, así que doblemente profunda. En uno de sus comentarios afirmaba

over drawn by each other and by the "opportunity" of wage exploitation in a sweatshop, due to the total lack of income in the increasingly impoverished countryside. They went with energy and excitement to what is called "work" in Honduras, that which supposedly one should be thankful for — as in the rest of the world: cycles of unyielding exploitation that generate enormous wealth for transnational textile companies or from foreign technology.

As is habit, the women of CODEMUH gathered to talk about what was happening in the country and how it impacts their lives and that of the organization. So they talked about the coup d'état and how to be part of this phase of the Resistance with their feminist discourse and bodies, these women with so much experience in resisting the patriarchal order in all realms of their lives. In the bedroom and in the kitchen, in the factory and in the movements, in life as a whole.

In one of those assemblies full of young women and veterans who have escaped the grind of the sweatshops, but who hold themselves responsible for continuing the political work together, they were debating once more the struggle and the way to participate, the most serious organizational problems, and the ever-difficult subject of how to "ally" with those who should be their comrades, but who continually ignore them since they are not a traditional union but rather an all-women's organization.

A woman born in a Mayan town spoke, making her wise words understood with simplicity that made them twice as profound. In one of her comments she asserted that

que el pueblo de Honduras se parecía a aquel famoso David bíblico enfrentado a un monstruo de empresarios, militares y derechistas internacionales; que sin duda la Resistencia tenía fuerza y había encontrado, de tanto andar y discutir, la honda con la cual derrotar a aquel enorme enemigo. Sin embargo, afirmó, falta encontrar la piedra precisa, aquella que logre dar en el punto que va a tambalear al gigante hasta hacerlo caer, sin que se vaya la vida de miles de hondureños y hondureñas en ello, sin guerra civil entre pobres matando a otros pobres.

Después de estas palabras, el silencio se hizo en la asamblea, sólo el ruido infaltable de los ventiladores se establecía como una sonata tropical; cada una de las mujeres cavilando e inventando la imagen, la victoria o la derrota según el ánimo que la acompañara; y los recuerdos de persecuciones, voces colectivas, colores y miles de personas en las calles volvieron a pasar por los cuerpos que saben mucho de memoria. Una recordó la vergüenza ante sus hijas porque se orinó encima cuando vio a los militares avanzar contra ellas en una de las marchas más violentas de la costa norte. Por los recuerdos volvieron a pasar los terribles golpes recibidos, las muertes de las mujeres y hombres que luchan, la rabia de ser obligadas a marchar en las manifestaciones de los que dicen defender la democracia vistiendo de blanco, para luego tener que explicar a los puristas en sus análisis de los movimientos que no iban a las marchas blancas porque querían, y que en nada se reñían sus convicciones con su necesidad y derecho a trabajar.

Desde atrás, una mujer de pelo rizado, de cuerpo rebo-

the people of Honduras are like the famous Biblical David confronting a Goliath of businessmen, military and international right-wingers; that without a doubt the Resistance had strength and had found, in its marches and debates, the slingshot to defeat that enormous enemy. But, she said, it needed to find the right rock, the one that can hit just the right spot to knock over the giant and make him fall, without thousands of Hondurans losing their lives, without civil war where the poor kill the poor.

After these words, silence came over the assembly. All they could hear was the constant noise of the fans, like a tropical sonata. Each one of the women was meditating on and painting the picture of the victory or the defeat, depending on the spirit that accompanied her. The memories of persecutions, collective voices, colors and thousands of people in the streets again passed through their bodies, bodies that know much about memory. One remembered the shame when she urinated on herself in front of her daughters when she saw the military advance towards them during one of the most violent marches on the North coast. They relived the memories of terrible beatings, of deaths of women and men in the struggle, the rage of being forced by their bosses to march in pro-coup rallies organized by those who pretend to "defend democracy" by dressing in white. Later they would have to explain to the purists in their own movement that they didn't go to the "white marches" of their own free will, and that their rightful need to work was in no way at odds with their convictions.

From the back, a woman with curly hair, with a body

sante en carnes de esos que desafían todos los pronósticos médicos, gozosa y dicharachera, mera mera costeña se levantó al tiempo que pidió la palabra. Fuerte esa palabra, acostumbrada a levantar y acostar niños y niñas para ir a la escuela, a exigir la parada del bus cuando parece que no se puede competir con el reguetón a todo volumen, practicada en andar vendiendo cosas en la calle y otros oficios, y atemperada a gritar consignas *Por la salud y el derecho al empleo, sí, pero con dignidad: Mire,* dijo con claridad, *yo no sé si eso que usted dice es lo que yo pienso, pero yo creo que el pueblo de Honduras ya encontró no sólo la honda sino que la piedra,* y con un gesto teatral, tomando su tiempo para calcular el impacto de su acción, sacó de su bolsa morada un piedra, mediana y lisita. *Esta,* señaló, *desde el Golpe siempre anda conmigo, igual me sirve para un chepo como para cualquier otro hijueputa.*

Un rumor de carcajadas creció en el salón. Como ella, otras mujeres se levantaron sacando sus propias piedras de sus mismas bolsas moradas, llenas de cosméticos, toallas para secar el sudor y papeles. Y en una sola sinfonía de risas, las mujeres compartieron sus poderes, sus saberes y las lecciones aprendidas.

Entre ellas, cualquier David estaría feliz, aunque ahuevado y pensativo.

overflowing with rolls of flesh like those that defy all medical prognosis, witty and joyful, from the coast through and through, stood up and asked to speak. She spoke forcefully, used to tucking in and waking up children to go to school, to demanding the bus stop over the blaring of reguetón music, to selling wares in the streets among other work, to shouting chants for healthcare and the right to a job with dignity, she spoke with total clarity. *Look here, I don't know if you're saying what I think you are, but I think the Honduran people already found not just the slingshot but the rock,* and with a theatrical gesture, taking her time to calculate the impact of her action, she took a smooth, medium-sized stone from her purple purse. This, she said, *goes with me everywhere ever since the coup, it'll help me as much with the pigs as with any other sunofabitch.*

A roar of laughter erupted in the room. Like her, other women stood up and took out their own rocks from their purple bags, full of cosmetics, washcloths for drying sweat and papers. And in one giant symphony of laughter, the women shared their power, their knowledge and the lessons learned.

Amongst them, any David would be happy, though sheepish and pensive.

Cuatro

Four

El día 26 de febrero del 2011, día de la Asamblea Nacional del Frente Nacional de Resistencia Popular, un señor de ojos dulces y sombrero campesino se acercó a los micrófonos de la radio Gualcho, la radio local de la resistencia en Tegus. Se presentó como José David Murillo. En las ondas radiales, el señor habló sobre su hijo Isi Obed y su legítima decisión de luchar, explicó que el muchacho tenía sus razones y que él nunca le hubiera impuesto que fuera a las marchas. Contó de su familia de doce hijos, donde Isi era el séptimo, de su comunidad en la montaña olanchana, de la persecución contra ellos que no ha parado y de su inquebrantable fe evangélica.

En estos tiempos de Golpe es muy frecuente que la gente, movida por el miedo, la rabia, la vergüenza y quién sabe qué más, acusen a quienes resisten de los actos de maldad de otros, de complicidades indeseadas. Para desacreditar el movimiento, la prensa y muchas voces de la calle repiten que la resistencia es sólo zelayista, que Hugo Chávez paga por ir a marchar, que Daniel Ortega tiene dinero puesto en las organizaciones, y otras leyendas. Como respuesta, la gente de la Resistencia se defiende con acusaciones como golpistas, oligarcas, cobardes, vendidos. Rotas están muchas familias, amistades, relaciones de todo tipo.

Al papá de Isi Obed Murillo, asesinado el 5 de julio del 2009

On February 26th, 2011, the day of the national assembly of the National Front of People's Resistance, an older man with sweet eyes and a *sombrero* approached the microphones at Radio Gualcho, the local radio of the resistance in Tegucigalpa. He introduced himself as José David Murillo. Over the radio waves, the man spoke about his son Isis Obed, how he supported his decision to join the struggle. He explained that the young man had his reasons and that he never would have stopped him from going to the marches. He told about his family of 12 children, of who Isis was the seventh, about his community in the mountains of Olancho, about the ceaseless persecution against them and his unbreakable evangelical faith.

The *golpistas,* moved by fear, rage, shame and other reasons no one knows, often blame the resistance for the misdeeds of others, accusing us of being unwitting accomplices. To discredit the movement, the press and rumor mills say the resistance are just Zelayists, that Hugo Chávez pays the protesters, that Nicaraguan President Daniel Ortega has given money to the organizations and other such nonsense. In response, people in the Resistance defend themselves, responding by accusing others of supporting the coup, of

por francotiradores, la crueldad de la gente lo responsabiliza de su muerte. Y aunque no daría fe por el gentío de la Resistencia, y sé que como en todos lados habrá quién trafique con su conciencia, pondría estas dos manos sobre el fuego por la honorabilidad de Isi Obed Murillo y su familia.

Para Naún y Nelson, mis otros hermanos

Ella vino de lejos. Vino de una aldea pobre y verde donde se le acabó la ilusión de una promesa de amor incumplida por un hombre que no dijo ni adiós; y traía con ella muchos niños por crecer y alimentar.

Ella vino sola, con sus cajas de cartón y poquitas cosas, una foto, imágenes de santos, ropa usadísima, remedios.

Ella vino con su fuerza. Llegó a un barrio de la capital donde una amiga con otros niños también por crecer la esperaba en una casa tan pequeña como la esperanza que ahora traía. ¿Qué voy a hacer aquí? se preguntaba, y miraba a los niños y la niña que dormían tan a gusto en aquel rinconcito donde les dieron posada. Lloraba y dormía del cansancio, pues la pena cuánto más honda, más cansa. Y con el talento de una abuela guanaca, recia, que la crió y le

being oligarchs, of being cowards and sell-outs. Families, friendships and relationships of all sorts have been torn apart. And though I wouldn't vouch for the entirety of the Resistance, knowing well that there are always people who will sell their souls, I would stake my life on the dignity of Isis Obed Murillo and his family.

For Naún and Nelson, my other brothers

She came from far. She came from a poor, lush village, leaving behind the disillusionment of an unfulfilled love for a man who didn't even say goodbye, and bringing with her many children to raise and feed.

She came alone, with her cardboard boxes and scarce belongings, a photo, pictures of saints, tattered cloths, home remedies.

She came with her strength. She arrived at a neighborhood in the capital where a friend with her own kids to raise awaited her in a house as little as her remaining hope. *What am I going to do here?* she asked herself, looking over the children sleeping so comfortably in that little corner they were given to rest. She would cry and then fall asleep exhausted, the heavier the burden, the more it is to bear. And with

enseñó el valor del dinero bien trabajado; y la sonrisa suya que le iluminaba la cara y el corazón, se fue organizando para vender y comprar, andar por calles hostiles y nuevas, y entender que sólo ella y su amiga podrían salvarla del desastre, y con ella a su pequeña familia.

Y es largo el cuento, como largas son la historias de las mujeres de este pueblo y de otros que son expertas en sobrevivir a las opresiones y sacar adelante a tantos más; pero resultó que un buen día una señora que la adoptara como hija, sustituta de aquella que se le perdiera en un desierto de inmigrantes, en probables tumbas colectivas, le compartió un espacio en el mercado y pudo vender tortillas, pan, hierbas, flores, chunchitos de plástico, sandalias, hasta llegar a tener su puesto de comida: **Merendero Paty.** Eso sí era lo suyo, ahí llegaba con el alba recién estrenada de cada día, en la ciudad de indios donde estaba el mercado. Bajaba con los cipotes ya todos en colegios, expertos en tomar buses y ayudar a su mama, y adiestrados para no dejarse engañar por hombres abusivos. Paty, la chiquita, ya casi iba a tercer curso.

Los años habían pasado, Ella era mayor, la ciudad también cambiaba, era cada día peor, más dura, pestilente y más llena de pobres, y parecía triste y avasallada porque aún no reventaba como en un cielo de cohetes de vara la resistencia popular. El merendero tenía muchos clientes, la comida era buena y la anfitriona más. Su corazón se había cerrado al amor por miedo al sufrimiento, pero se le salía la dulzura en la sopa de mondongo y en los caldos de gallina, su especialidad. *¡Qué no cura un caldo de gallina, mija!* me dijo

the skill of her fierce Salvadoran grandmother who raised her and taught her the value of a hard day's work, and her smile brightening faces and hearts, she got herself together to sell and buy, to navigate new and hostile streets, realizing that she and her friend alone could save themselves and their small family from ruin.

And it is a long story, long like the stories of so many women amongst our people and others, who are experts in surviving oppressions while taking care of so many; and so it was that one fine day a woman who would adopt her as a daughter, to fill the loss of the one taken from her by a desert full of migrants, the one probably now in a mass grave. She offered to share a space with her in the market where she could sell tortillas, bread, spices, flowers, little plastic knick-knacks, sandals, and even finally her own food stall: **Paty's Eatery.** She was in her element. She would get there as dawn broke each day over that poor area of the city where the market was. She would come down with her kids; already all in school, experts in taking buses and helping mom, skilled at not letting shady men take advantage of them. Paty, the littlest, was almost in third grade. The years had gone by. She was older and the city was changing too, it was getting worse every day, rougher, fouler and more poverty-stricken, looking sad with head bowed because the sky hadn't yet erupted with the fireworks of the people's resistance. The eatery had a lot of customers; the food was good and the hostess better. Her heart had closed off to love for fear of suffering, but its sweetness came out in her *mondongo* and chicken soups, her specialty. *There's nothing a chick-*

un día, con una enorme certeza. Y frente a un gran plato de loza china rebosante de sopa caliente, lloré una vez más por todo y me dejé curar por Ella. Llegué a ese lugar por la fortuna de quien tiene amigos arqueólogos para la vida y siempre saben dónde está el mejor caldo, la mejor boca, la carne asada en la madrugada.

Ya en esos tiempos la vida social se nos había desdibujado y sólo se encontraba una con sus amistades en las asambleas y en las gaseadas de las marchas, otras se fueron para siempre, y a Ella la perdí de vista. Pero un día pasé por el mercado y la necesidad de un caldo de gallina para acallar la rabia que tenía contra los asesinos de Isi Obed Murillo, y el dolor por haber sido acusadas de cómplices morales de su muerte, me hicieron buscarla. El puesto estaba cerrado. Vi de lejos el candadote en la puerta. *¿Y qué se hizo?* Pregunté a su vecina, que palmeaba tortillas y cantaba una canción contra Satanás, *pues usté mire, es que ella no es completa de la cabeza, ahí dejó un papelito.* Cierto, me acerqué y vi en color azul un mensaje: Hoy no abrimos, nos fuimos a la Resistencia.

Ella vino con su fuerza.

Ella es la Resistencia.

Ella merece el nombre de su madre: Honduras.

en soup can't cure, mi'ja! she told me one day with absolute certainty. And in front of that huge ornate bowl overflowing with hot soup, I cried one more time over everything and let myself be cured by Her. I found that place because I am lucky enough to have friends who are archeologists of life and always know where to find the best soup, the best snack, the best late night grilled meat.

By that time social life had blurred and you only ran into your friends in the assemblies and fleeing teargas during marches, others left for good, and I had lost track of Her. But one day I went by the market, and the need for chicken soup to calm the rage in me against those who killed Isis Obed Murillo, and the pain from having been accused of moral responsibility for his death, made me look for her. The place was closed. I could see the lock on the door from afar. *What happened to her?* I asked her neighbor, who was making tortillas by hand and singing a song against Satan, *well go look yourself, she doesn't have her head on right, she left a note there.*

Sure enough, I went over and saw a note written in blue: We're closed today, we went to join the Resistance.

She came with her strength.

She is the Resistance.

She deserves the depths of her mother's name: Honduras.

Cinco

Five

Sandra Cárcamo no es que decidió ser mamá, como pocas mujeres lo deciden, pero tuvo dos hijos: un niño y una niña. Los crió con mucha dificultad porque ser mamá y comunista como que no calza fácil, no cuadra. Demasiadas reuniones, muchas carreras, viajes. Pero ahí fueron creciendo en una casa llena de manifiestos, compañeros, reuniones largas y humo de tabaco.

Cuando el Golpe cayó sobre todas, los hijos ya eran adultos. *Bueno,* le dijo el muchacho, *hoy llegó mi turno, toda la vida he escuchado hablar en esta casa de la revolución y que uh, que ah. Hoy sí, me toca y no me vas a andar jodiendo, te aviso que ni el teléfono te voy a contestar, Cárcamo.* Desde chiquito, tenía la costumbre de llamarla por su apellido, nunca le dijo ni siquiera el nombre propio, menos le decía mamá. *Debe ser porque siempre los traté como en el ejército,* se reía Sandra cuando me contó la historia. De su hija mayor no hablaba mucho, tenían problemas desde que aquella era adolescente y le reclamaba continuamente su ausencia de sindicalista empedernida.

La muchacha estaba casada con un militar, un tipo joven y apuesto. El hombre la golpeaba, y ella inventaba aquello de la caída de la escalera, del choque con la puerta, etc,

It's not that Sandra Cárcamo decided to be a mom, not many women do, but she had two kids, a boy and a girl. It was hard to raise them, being a mom and a communist isn't an easy combination, it doesn't go well. Too many meetings, too many travels, too much running around. But that's how they grew up, in a house full of protesters, *compañeros*, long meetings and tobacco smoke.

When the coup hit, the kids were already grown. *A'ight,* her son told her, *now it's my turn, my whole life I've heard people talk in this house about revolution and hey-hey, ho-ho. Now it's my turn and don't be all up on me, I'm telling you now I'm not even gonna pick up the phone, Cárcamo.* He had picked up the habit of calling her by her last name since he was a little kid, he never even called her by first name, much less 'mom.' *It's probably cause I treated them like they were in the army,* Sandra laughed as she told me the story. She didn't talk much about her older daughter, they'd had problems since her teenage years, when she was always upset that her mom, the incorrigible unionist, wasn't around.

The young woman was married to a soldier, a handsome young man. He would beat her and she would use the usual excuses of falling down a staircase, running into a door,

etc; pero él viajaba mucho, y Sandra, más sabia que vieja, le pagó a su hija unas clases de defensa personal. Sin que el marido se enterara, fue teniendo cada vez más habilidades y cintas. Obtuvo la cinta negra en la clandestinidad. Un día de esos, después de aquel junio, en un bus urbano, el militar ensoberbecido de poder, empezó a insultar a su mujer. Ella no contestó nada, sólo se le pusieron las manos sudadas, el hombre era celoso y le recriminaba supuestos amantes. Al ver que no decía nada, se levantó del asiento y la jaló de un brazo: *Bajate, puta,* le dijo, la agarró del pelo y la obligó a bajar. Vestía de fatiga militar y sabía que la gente no se metería en la pelea, traía su arma de reglamento visible en la cintura y todo el mundo en Honduras conoce el poder de un chafa[17]. *Puta,* le repetía, *si no fuera por esos culeros de la Resistencia yo estaría aquí para vigilarte, pero como no estoy, seguro que te coge cualquier pendejo.*

Todas las rutinas sociales estaban rotas, todos los militares movilizados incluyendo a los reservistas[18], y al igual que éste, todos estaban hartos. Los que golpeaban a la gente en las calles vociferaban indignados: *Ya dejen de joder, váyanse para su casa, estamos cansados de ustedes, ¿ustedes no se cansan, hijos de puta?* Pero la gente de la Resistencia no se cansaba porque de eso exactamente se trata.

Ya en la calle, mientras la seguía sujetando del pelo, el

---

[17] Chafa: nombre popular para llamar a los soldados, regularmente se le acompaña con otros adjetivos que no señalaremos aquí.

[18] Los reservistas son veteranos del ejército. Igual que ellos, vencidos en las guerras contra otros países, y animados patrioteros para reprimir a la gente de su pueblo.

and so forth. But he travelled a lot, and Sandra, wiser than her years, paid for some self-defense classes for her daughter. Without the husband finding out, she gained skills and belts. She secretly got up to the black belt. During one of those days following the events of June, on a bus in the city, the soldier, power-drunk, started to insult his woman. She didn't respond, but her hands started to sweat. The man was jealous and was confronting her about her supposed lovers. Seeing she wouldn't respond, he got up from the seat and pulled on her arm: *Get off,* slut, he said to her, grabbing her by the hair and forcing her down. He was wearing his military fatigues and knew that people wouldn't get involved in the fight, he had his issued weapon visible on his waist and everybody in Honduras knows the power of a *chafa.*[17] *Slut,* he said again, *if it wasn't for those Resistance faggots I would be here to watch over you, but since I'm not, I bet every asshole is fucking you.*

All the normal routines had been interrupted, all of the soldiers deployed even the reservists[18], and just like this guy, they were all pissed. As they beat down people in the streets they yelled angrily at them: *Stop this bullshit, go back home, we're tired of you, don't you sons of bitches get tired?* But the people of the Resistance always kept on precisely because they were tired, tired of being tired.

In the street now, still holding her by her hair, the man

---

[17] Chafa: a popular name for soldiers, usually accompanied by other adjectives that we won't mention here.

[18] The reservists are army veterans. Like the others, their defeat in wars against other countries has left them over-eager to serve the nation by repressing their own people.

hombre la arrinconó contra una pared, ella sintió como el arma le golpeaba la cadera y respiró profundo. No hay mal que dure cien años, se dijo, como decían las miles de voces compatriotas que gritaban en la calle contra el imperialismo que por siglos ha tratado al país como su finca bananera, y usando sus horas de entrenamiento más la sorpresa de un hombre acostumbrado a dar golpes y no a recibirlos, tuvo a bien dejarle ir lo que en Honduras dicen una reverenda vergueada, que si no es porque un señor que vendía lotería le grita, *déjelo que lo va a matar,* eso es lo que hubiera sucedido. Para despedirse, ella le puso la pistola en la sien y le dijo: *esta fue la última vez, ¿entendiste o te lo vuelvo a explicar?* El militar temblaba. La muchacha pasó a las filas de la comisión de seguridad de la Resistencia. Ahí se encontró de otra manera con Sandra, su madre.

Sandra Cárcamo andaba loca con las miles de actividades del sindicato, no sabía nunca dónde estaba su hijo y no se atrevía a preguntarle. Una madrugada calurosa, mientras descansaba en su casa de toda la vida, sonó el celular. Apenas se había dormido y soñó que estaba en una reunión, en un lugar extraño como un garaje viejo; ella había estado en reuniones en lugares más raros que un garaje viejo, pero lo inusual es que mientras transcurría la reunión, el suelo se llenaba de una especie de espuma de jabón, como la que se hace al lavar la ropa. Nadie parecía notarlo, pero ella sí, y

cornered her up against a wall. She felt his weapon bumping against her hip and took a deep breath. *Through every dark night there's a bright day after that,* she said to herself, echoing the words of thousands of her fellow Hondurans screaming in the streets against the imperialism that for centuries had treated the country like its own banana plantation. Making use of her countless hours of training and the element of surprise for a man used to throwing punches, not taking them, she let loose a royal ass-whoopin' so fierce that if a man selling lottery tickets hadn't shouted, *better leave him 'fore you kill him,* that's exactly what would have happened. As a final goodbye, she put the pistol to his temple and said: *this is the last time, did you understand or do I need to explain again?* The soldier was shaking. The woman went to the Resistance's security commission. There, she joined Sandra, her mother, in another way.

Sandra Cárcamo was running around crazy with thousands of things to do for the union, she never knew where her son was and didn't dare ask. One hot early morning, while she rested at her lifelong home, her cell phone rang. She had just fallen asleep and was dreaming that she was in a meeting in a strange place like an old garage; she had been in meetings in stranger places than an old garage. What was unusual was what was happening in the meeting, the ground was filling up with some type of soap suds, the kind that froths up when washing clothes. Nobody seemed to

cuando quiso decirlo a quienes estaban en el lugar, la despertó su celular: era el timbre de La Internacional.

Aló, dijo con la voz aún dormida.

¿Mamá? Como relámpagos vinieron a su recuerdo el día del parto de su hijo, cuando se tragó la moneda y por poco se muere, cuando ganó un premio en oratoria, el primer día de la madre en su escuela, cuando lo encontró borracho en una cantina, cuando, cuando.... Lo van a matar, pensó, si me dice mamá es que lo van a matar, y se le reveló lo fácil que era decirle a un hijo que luchara y lo doloroso pensar en su muerte a manos de un enemigo, probablemente un hondureñito pobre como él.

A Sandra el vientre completo le dio un vuelco como cuando se vacía una tina llena de nada.

Hijo, le contestó, ¿qué pasó?

Esos cabrones están a dos casas de aquí, estamos oyendo que rompen las puertas a patadas y están golpeando a la gente. Ayúdame, llamá a alguien, estamos en la Centroamérica[17].

Ni siquiera estaban en la misma ciudad. ¿Cómo podía desplegar sus brazos y traerlo de vuelta, protegerlo con su cuerpo? Su hábito para enfrentar la adversidad saltó.

Escóndanse lo más que puedan. No se metan debajo de las camas.

---

[17] En las noches del golpe, mientras el toque de queda nos sitiaba en las casas, la policía atacaba barrios que consideraba más peligrosos. Entre ellos estaba la colonia Centroamérica, el Hato del Medio y El Pedregal, en la ciudad de Tegucigalpa. Con saña, miembros de escuadrones policiales y paramilitares tiraban bombas de gas lacrimógeno dentro de casas donde dormían niños y niñas inocentes. En lugares como la colonia Villanueva, barrio marginal de Tegucigalpa, se sucedieron masacres numerosas de jóvenes.

notice it, but she did, and just when she was about to tell the people around her, her cell phone woke her: her ringtone was The Internationale.

Hello? She said with a sleepy voice.

Mom?

Like lightening the memory of the day her son was born flashed before her eyes, when he swallowed the coin and almost died, when he won a prize in public speaking, the first mother's day at his school, when she found him drunk in a bar, when, when… *They're going to kill him,* she thought, *if he's calling me 'mom' it's because they're going to kill him,* it struck her how easy it was to tell your son to join the struggle and how painful it is to think about his death at the hands of an enemy, probably a little poor Honduran kid like him. Sandra's whole womb swirled like a draining tub, full of emptiness.

Hijo, she answered him, *what's going on?*

Those fucks are two houses down from here, we hear them breaking down the doors, kicking them in and beating people. Help me, call somebody, we're over in the 'hood, Centroamérica.[17]

They weren't even in the same city. How could she reach her arms out for him and bring him back, protect him with

---

[17] During the nights of the coup, while the curfew holed us up in houses, the police would attack the barrios they considered most dangerous. Amongst them were the Centroamérica, Hato del Medio and El Pedregal neighborhoods, in the city of Tegucigalpa. Members of police and paramilitary squads brutally launched tear gas inside of houses where innocent boys and girls slept. In places like the Villanueva neighborhood, one of the ghettos of Tegucigalpa, numerous massacres of youth took place.

Estoy debajo de una cama.

Bueno, no te preocupés, ahorita vamos a buscar ayuda. Hijo, estese tranquilo, hijito, ya va a ver que los compas saben qué hacer. Ahorita llamo a quien sea.

Sí, apurate, ahí vienen.

Y colgó.

Hizo frío de pronto en la noche calurosa. Una comunista no reza porque no sabe hacerlo. Por su cabeza pasó la vecina de su mamá y los rosarios que nunca escuchó, a los que iba sólo para ver un cipote que le gustaba. Una comunista hace otra cosa. Llamó a todo el mundo, al credo de la solidaridad, los compas ya sabían y estaban haciendo lo que podían. Llegaron antes que la policía y rescataron a todos los muchachos escondidos debajo de las camas. Ellos sí tuvieron suerte, no como los cuerpos de otros jóvenes amarrados y torturados que aparecían en los ríos, sin nadie que dijera su nombre en alto.

Y en la mañana del día después Sandra Cárcamo olvidaba la absurda rudeza de la militancia, besaba los pelos y la piel del hijo salvado. Se burlaron interminablemente uno del otro, con ternura, con la alegría de estar vivos.

her body? Her instinctual defiance in the face of adversity kicked in.

Hide yourselves the best you all can. Not under the beds.

I'm under a bed.

Ok, don't worry, right now we're gonna get help. Hijo, stay calm, baby, you're gonna see, the comrades know what to do. I'll call around right now.

A'ight, hurry up, here they come.

The hot night quickly got cold. A communist doesn't pray because she doesn't know how. Her mom's neighbor and the rosaries she never listened to rushed through her mind, she only went to see a boy she liked. A communist does something else. She called everybody, invoking the creed of solidarity, the comrades already knew and were doing what they could. They got there before the police and rescued the youth hidden below the beds. They were the lucky ones, not like the bodies of other youth tied and tortured who showed up in rivers, without anybody to speak their names out loud.

And in the morning the next day Sandra Cárcamo forgot the absurd coldness of her militancy, she kissed the hair and the skin of her saved son. Tenderly, they teased each other endlessly, joyful to be alive.

Seis

Six

En la región centroamericana crecemos peleados por razones de nación de hombres blancos y millonarios, aunque todas somos naciones pobres, colonizadas, llenas de ladrones sin cárcel que nos gobiernan y azuzan las diferencias entre los pueblos mientras ellos comen en la misma mesa y hacen vacaciones en las mismas exóticas playas sin que su pasaporte sea un problema. Así es como los conflictos binacionales se extienden en la historia, ya sea para abrir un mercado o para cubrir con escándalos problemas más relevantes. En esos momentos se tocan los himnos nacionales repetidamente y se regalan banderas. Así es en Centroamérica y en otras partes del mundo; es un juego que les gusta jugar a los patriarcas. Pero mientras para ellos es sólo un juego, el resto lo tomamos en serio, o eso parece. Burlarse y despreciar lo tico es una costumbre que nos une a los y las demás centroamericanas. Nos da envidia su bienestar, nos emputa su soberbia y nos dan risa malvada sus modos afectados. En reuniones regionales eso siempre permanece, aunque sea debajo de la mesa, expresiones como: Pues es que es tico. ¿No ves que son ticas?, ¿qué esperabas? Así nuestras propias debilidades y vergüenzas culturales se destiñen y pasan desapercibidas. Pero la vida y las luchas son escuelas. Y una tiene la posibilidad de aprender nuevas lecciones.

Throughout Central America we grow up fighting over rich white men's ideas of nation, though we are all poor, colonized nations full of crooks in government offices instead of jail cells. They pit our peoples against each other while they eat at the same table and vacation at the same exotic beaches without any worries about the country on their passports. That is the role conflicts between countries have played throughout our history, opening markets while using scandals to distract from the most pertinent problems. In those moments they play the national anthems over and over and pass out flags. That's how it is in Central America, just like in other parts of the world; it is a game the patriarchs like to play. But while for them it is just a game, the rest of us take it seriously, or that's how it seems. Hating on and trash-talking everything Costa Rican is a habit that unites other Central Americans. Their prosperity makes us jealous, their arrogance drives us up a fucking wall, their stilted style make us laugh maniacally. That attitude carries over into regional meetings, though discreetly, through expressions like: *Well, he's a Costa Rican. What did you expect from Costa Ricans?* That way our own weaknesses and cultural shame fade into the background. But you can always learn new lessons from the schools of life and struggle.

Las ticas con su erre rara, que suena agringada. Su *con mucho gusto*, que a veces es y a veces no es. Con su preocupación por la imagen linda y joven con la que intentan espantar a la muerte, con su ejercicio como norma, su verde país como estandarte, su lucha por la vida buena que aún tienen y que desaparece velozmente.

Las ticas, mis hermanas, con su rebeldía sin control, con su rabia por un TLC impuesto a punta de fraude y de cuya derrota mañosa aún no se levantan todas, con sus grupos llenos de no ticas, pero encontradas en el mismo país, con sus burlas sobre sí mismas, sus inclaudicables luchas feministas, con su vergüenza por compatriotas que lucen banderas como espadas sobre oscurecidos migrantes.

Hay ticas y ticas; hay gente y gente. Cuando el Golpe del 28 de junio del 2009 fue dado sobre el pueblo hondureño, los correos y las llamadas internacionales abrumaron. De todas partes venían solidaridad y manifiestos de rechazo. Los primeros días todas y todos pensamos que podíamos revertirlo, por eso tanto tiempo en la calle. Afuera también se creyó posible esta reversión, ingenuamente, pensamos más tarde, porque la ingeniería de este golpe estaba bien calculada desde mucho rato antes y con enorme experien-

Costa Ricans with their strange pronunciations, sounding like *gringos* who can't roll the "rr."' Saying con *mucho gusto* — *it's my pleasure* — whether it is or not. With their obsession over looking young and beautiful, with shooing death away, with constantly exercising and extolling the virtues of their green country, their struggle for the good life, a life that is quickly slipping away from them.

Costa Ricans, my sisters, with their uncontrollable rebelliousness, their rage over the Free Trade Agreement fraudulently forced upon them, a deceitful defeat that not all of them have recovered from. With their groups full of women from all over who wound up in the country, with their self-deprecation, their unyielding feminist struggles, with their shame over their fellow citizens who raise the flag like a sword against dark-skinned migrants.

There are Costa Ricans and then there are Costa Ricans; there are people and then there are people. When the coup d'état of June 28th, 2009 struck the Honduran people, the emails and calls flooded in. Statements of solidarity and indignation came from all over. At first we all thought we could defeat the coup, which is why we spent so long in the streets. Outside the country people also believed it could be turned back, naïvely,

cia, tanto que aún se sostiene, al igual que nuestra lucha. En afán de solidaridad internacionalista cayeron cientos de misiones y observadores en el país que hicieron trabajos importantísimos que a los golpistas todavía no han afectado, pero mantuvieron viva una compartida voluntad de resistir y dieron ánimo a la gente. Las acciones regionales se organizaron logrando preocupar por unos días a la oligarquía regional, quien hizo lo suyo juntándose y financiando parte de la logística golpista.

Así también llegó de todo, buscadores de sentido de vida en revoluciones de moda, coleccionistas de anécdotas y amores internacionales, seres tristes deambulando en pos de algo de lo cual asirse para estar vivos. No es que estas razones fueran de por sí ilegítimas, pero nunca son las que están explicitadas, son como siempre las ocultas. Escuché en muchos acentos latinoamericanos y de más allá, las recetas y soluciones de cómo debíamos hacer en el país para organizar una verdadera revolución, y oí citas del Ché Guevara como si una iglesia se fuera a levantar en su nombre. La mayoría de esa solidaridad se fue a buscar el próximo destino revolucionario. Algunas quedan y persisten, dentro y fuera del país. Entre las que persisten están varias iniciativas feministas articuladas[17] y muchas que desde su posibilidad personal resisten entre ellas y con nosotras.

Por meses, las Feministas en Resistencia Costa Rica se estuvieron reuniendo y movilizando. Ahí se encontraron las

---

[17] Además de las ticas, siguen en solidaridad activa las compañeras de Pañuelos en Rebeldía en Argentina, Colectivo Pan y Rosas, Redes centroaméricanas y otras feministas autónomas en el mundo.

we would later think, because the machinations of the coup were carefully calculated well before with extensive experience, so much so that it continues to this day, just like our struggle. With the fervor of internationalist solidarity, hundreds of delegations and observers descended on the country and did very important work. It still hasn't stopped the *golpistas*, but has kept the shared determination to resist alive and raised people's spirits. People organized actions throughout the region that made the regional oligarchy worry for a few days, doing their part to back up and finance the coup's logistics.

Along with them came some of everything, people seeking meaning in life through trendy revolutions, people collecting tales and international lovers, sad wanderers looking to cling to something to stay alive. Not that those are illegitimate reasons in and of themselves, but people are never up front about them, they're always hidden. In accents from around Latin America and beyond, I heard the recipes and solutions for what we should do in the country to organize a true revolution, and I heard Ché Guevara cited as if a church was being started in his name. Most of that solidarity left in search of the next revolutionary destination. Some stayed and still persist, inside and outside the country. Among those who persist are several joint feminist initiatives[17] and many who to the extent personally possible resist among them and with us.

For months, the Costa Rican Feminists in Resistance

---

[17] Besides the Costa Ricans, the sisters of Headscarves in Resistance *(Pañuelos en Resistencia)* in Argentina, the Chilean Bread and Roses Collective *(Colectivo Pan y Rosas)*, Central American networks and other autonomous feminists of the world continue in solidarity.

más reconocidas feministas que no se encontraban en ningún otro espacio, a las que el hablar sobre Honduras no les provocaba tanto malestar y sí mucha indignación; se mezclaron las jóvenes y las otras sin las clásicas discusiones sobre el adultocentrismo y los liderazgos que luego avasallan las voluntades colectivas. Había que actuar con rapidez. El escenario del golpe se movió a San José y el señor Oscar Arias, experto en maniobra, era el personaje elegido para ésta. Las FER Costa Rica saben quién es y la posibilidad de la farsa estaba presente desde el comienzo. ¿Negociar? Si no era capaz de dialogar con su propio pueblo, ¿Arias va a negociar?. Los plantones de apoyo a Honduras comenzaron pronto, en principio con todo el resto de la oposición en la capital. Aún estaba cerca la energía rota de esa impresionante gesta contra el TLC y el fraude dolía, dolía muy hondo; la resistencia hondureña era una continuidad de la suya, como lo son todas. Para el sentido político de activistas en Costa Rica, que ha disfrutado de algunos logros de la democracia patriarcal, un golpe de estado era solamente inaceptable, contra el que había que mover todo.

Una mañana, cuatro mujeres de ese colectivo fueron con sus pancartas ante el edificio de la CIDH para hacer manifiesto su apoyo a que se enjuiciara a los golpistas que reprimían al pueblo hondureño. Estuvieron ahí toda la mañana. Un joven se acercó y dulcemente les pidió permiso para tomarles una foto. Un señor del vecindario les trajo limonadas y galletitas. Hasta que apareció la policía. Dos agentes uniformados, cuaderno en mano, saludaron a las mujeres. Uno hacía preguntas y anotaba. El otro comentaba por su

gathered and mobilized. Among them were well-known feminists who weren't in any other formations, women for whom the very mention of Honduras was a source not just of angst but of outrage. Youth joined with the others without the timeless arguments over adultism and leadership that often dominate collective efforts. There was an urgent need to act. The stage of the coup moved to San José, Costa Rica and its former President, Mr. Oscar Arias, expert in manipulation, was chosen for the task. The Costa Rican Feminists in Resistance know who he is and suspected a possible set-up from the beginning. Mediate? If he couldn't dialogue with his own people how could Arias mediate? The protests in support of Honduras soon began, with all of the rest of the opposition in the capital city at first. The momentum of the unsuccessful but impressive campaign against the free trade agreement was still fresh, and the fraud hurt, it stung deeply; there was a continuity between the Honduran resistance and their own, as there is with all others. In the political world of Costa Rican activists, who have had some gains from patriarchal democracy, a coup d'état was simply unacceptable; it had to be fought with everything.

One morning, four women from that collective went with their signs to the building of the Inter-American Human Rights Commission to show support for the prosecution of the *golpistas* who were repressing the Honduran people. They were there all morning. A young person came up and sweetly asked permission to take a picture of them. An old man in the neighborhood brought them lemonade and cookies. Then the police showed up. Two uniformed agents,

radiotransmisor, que hacía estática y generaba bips y claves,... *enterado... sí... copiado... aquí hay una manifestación... sí... parecen pacíficas... sí... algo de... espéreme... sí, ni golpes de estado ni golpes a las mujeres... sí.. No, es algo de Honduras, sí, copiado, copiado. No sé.. esperame.. Hey, señora.. ¿va a venir más gente?*

Las que ya eran cinco mujeres se mantuvieron con sus carteles morados mientras escuchaban el éxito de su jornada. Ya eran mencionadas como una manifestación, más de lo que ellas se imaginaron, pues sabemos que las movilizaciones feministas nunca son tan numerosas como para ser nombradas como tales.

Disculpen señoras, les comentó cordialmente el policía que escribía en su cuaderno, sí, en ese país puede haber uno que otro policía cordial. *¿Ustedes no creen que allá en la rotonda las vaya a ver más gente? A esta hora del mediodía pasa mucha gente por ahí.* Por la tarde se fueron a la rotonda. Ellas pensaban que si las feministas hondureñas estaban en la calle todos los días, harían lo mismo. Así se turnaron en su nuevo lugar por sugerencia policial, con carteles nuevos, con consignas, ahí pintaron mantas, soportaron lluvias, recibieron señales de apoyo, insultos y sol. La rotonda, antes usada para celebraciones futboleras, es hoy, como algunas sabemos, la rotonda feminista. De once a una de la tarde se citaron ahí para manifestar con su erre tica su apoyo incondicional y perseverante a la RResistencia Feminista.

Como siguen haciéndolo todavía desde todos los espacios posibles.

notebooks in hand, greeted the women. One asked questions and took notes. The other spoke over his walkie-talkie, amidst static and beeps and code words... *roger that... yes... copy... there's a protest here... yes... seems peaceful... yes... something about... hold on... yeah, yes to coup resistors, no to beating sisters... yes... No, it's something about Honduras, yes, copy, copy. I don't know... hold on... Hey lady... are more people coming?*

There were five women now, standing there with their purple signs and listening to the apparent success of their mission. They had been called a protest, more than they had expected, since we all know that feminist mobilizations are never big enough to be called by that name.

Excuse me ladies, said the policeman who had been writing in his notebook politely, since in that country there are a couple of polite officers. *Don't you all think that there on the rotunda more people will see you? A lot of people drive by there at this noon hour.* That afternoon they went to the rotunda. They figured if the Honduran feminists were in the streets every day, they would do the same. So they took up shifts at their new spot suggested by the police, with new signs and new chants. They painted banners, they braved the rains, getting lots of gestures of support, lots of insults, lots of sun. That rotunda, which used to be used for soccer celebrations, is now known to some of us as the feminist rotunda. From eleven to one in the afternoon they would be there day in and day out to pronounce their unconditional and persevering support for — as they called it with their Costa Rican accents — the Feminist RRRResistance.

And they do so to this day from every space they can.

Siete

Seven

Para mi abuela Amalia

Bajo la santísima mirada de la madre de Jesús, doña María, la virgen, me tocó dormir varias noches a causa de las incomodidades y carreras que nos trajo el golpe de estado. Una capilla privada dentro de la casa de gente acomodada me rescató de la vigilancia y la posibilidad de represión en mi cuerpo. Ahí me sentí extraña y un poco asustada por tanta escultura sufriente. La imagen de joven madre, sonriente y con cara de mujer aragonesa me cuestionaba. ¿Cómo es que una llega a estos lugares? Una tan atea y esa imagen tan virgen.

La gente que nos dio refugio era pura resistencia, como se categoriza en el país a quienes no claudican. Hace mucho, un hijo suyo fue luchador de ese pueblo de gente necia y chiquita que habita en El Salvador, me contó la señora de la casa con un café delicioso.

Ella también fue peregrina, como usted, me dijo, y señaló a la escultura que no dejaba de mirarnos con cierta lástima detenida. *La persiguió otro imperio: el romano, ellos estaban en contra de la gente que luchaba porque Jesús era un luchador,* me explicó aquella señora y entró en largos detalles que me hacían pensar que pudo haberle dado catequesis a Frei Beto.

For my grandma Amalia

I spent several nights beneath the holy gaze of the Mother of Jesus, Lady Mary, the virgin, because of the harsh conditions and long days forced on us by the coup d'état. A
private chapel inside the home of these people who lived
comfortably but modestly was my refuge from the constant
vigilance, from the possibility of my body becoming a site
of repression. I felt strange and a little scared below so many
sculptures of suffering. The smiling picture of the young
mother, with the white face of a woman from Aragón, ques-
tioned me. How do I end up in these places, an incorrigible
atheist under a picture of an incorruptible virgin?

The people who gave us refuge there were *pure resistance,* as we call the people who never give up. Long ago,
one of her sons fought with the relentless people of tiny El
Salvador, the woman of the house told me over a delicious
cup of coffee.

She was a pilgrim too, like you, she said to me, pointing
at the sculpture that never ceased to watch us with a certain reserved pity. *She was persecuted by another empire: the
Roman, they were against the people in the struggle, people like*

Tuve tiempo de observar con atención el sacro espacio, las imágenes, el mobiliario y los colores. Las noches eran largas y de zozobra, de radios escuchadas bajito y mucho trabajo en silencio. Nuestro destino estaba roto y nada podría zurcirlo, ya los planes de antes de junio del 2009 se habían esfumado dolorosamente y sentíamos que la desgracia se cernía sobre todas; a mí el vientre se me llenó de vacío y el tiempo amoroso se me nubló de mentira; pero la fuerza del movimiento de tanta gente en resistencia nos daba luz en la oscuridad, y la solidaridad fue un bálsamo para cada herida. Como a mí, a mucha gente la recibieron en casas, en escuelas, en barrios donde no importaba el nombre ni la procedencia; cuando la represión arreciaba siempre se abría una puerta, se prestaba un teléfono, se daba un vaso de agua y se lloraba. ¡Ay!, ¡cómo lloramos de indignación, de emoción, de tristeza!

En uno de los pilares de la capilla había una foto, un hombre joven que sonreía: era el que había luchado allá del otro lado del río Torola. Murió de manera trágica y el templo era dedicado a su memoria. *Él estaría contento de que esté aquí*, me dijo la señora con dulzura, *fíjese cómo es la vida*, comentó dejando para sí todo lo demás de su entendimiento. Pues sí, pensé yo, la vida la lleva a una a lugares insospechados y a mirar como quien mira a través de un caleidoscopio.

Dejé el templo en cuanto pude. Cada vez que paso por ahí le llevo flores a la señora que sé las llevará a la otra peregrina, a la perseguida por el imperio romano.

Jesus, explained the woman, speaking with such detail that I imagined her capable of giving a catechism to a liberation theologian like Friar Betto.

I had time to contemplate every detail of the sacred space, the pictures, the furniture and the colors. The nights were long and tense, listening to radios quietly and doing lots of work in silence. Our future was tattered and nothing could stitch it back together, by now plans from before June 2009 had vanished painfully and we felt the tragedy looming over us all; my own womb filled with emptiness and the period of love was obscured by clouds of deceit. But the strength of the movement of so many people in resistance gave us light in the darkness, and solidarity was a salve for every wound. Not just me, many people found refuge in homes, in schools, in *barrios* where they didn't ask your name or where you were from. When the repression intensified some always opened a door, people shared phones, glasses of water, tears. And, oh! How we wept! We cried with indignation, with excitement, with sorrow.

On one of the pillars of the chapel there was a photo, a young man who smiled: he was the one who had fought in the Revolution on the other side of the Torola River in El Salvador. He died tragically and the shrine was dedicated to his memory. *He would be happy that you're here,* the woman told me sweetly, *see how life is?* she commented, leaving the rest up for interpretation. Well, I thought, I guess life takes you to unsuspecting places to see things, like looking through a kaleidoscope.

I left the shrine when I could. Every time I pass by there

Tengo una hija en la mente
y un duelo que me llena el vientre de nada
Perdí amigas
niños hombres que no conocí
Me quitaron los golpistas la vida que no había venido
y me dieron un tropel de mujeres indignadas
con ellas canto en silencio
conspiro en las miradas
por ellas resisto
al aliento de la palabra envenenada
al abismo de la guerra
que nos llama

I take flowers to the woman, knowing she'll take them to another pilgrim, to the woman persecuted by the Roman Empire.

> *I have a daughter on my mind*
> *and a pain that fills my womb with emptiness*
> *I lost friends*
> *man children who I never met*
> *The golpistas took away the life that had yet to come*
> *and gave me a horde of indignant women*
> *with them I sing in silence*
> *conspiring with our gaze*
> *for them I resist*
> *the breath of the poisoned word*
> *war's abyss*
> *calling to us*

Ocho

Eight

A la abuela Tencha, corazón rebelde y liberal que nos acompaña en la sangre de su hija y nieta

Doña Rosa ha trabajado treinta años en el mismo lugar. Ahí aprendió a usar delantales blanquísimos y de etiqueta para cuando la familia daba fiestas, lo cual hacían seguido. Últimamente llegaba mucho el Cardenal y unos señores panzones vestidos de militar, unos hombres que hablan en inglés y otros que parecen turcos. A esa casota siempre llegan muchas personas ricas.

Ella vive en una casa muy pequeña hecha con bloques y láminas de zinc que les dio un candidato a alcalde que apareció por el barrio, una semana antes de las elecciones. El zinc estaba usado y tenía hoyitos, pero servía. Ahí se levanta de madrugada, reza un rosario y le deja la comida lista a su nieta que está en el colegio. Abre la llave para ver si de milagro llega el agua, pero ahora viene cada vez menos y doña Rosa se acuerda de la aldea donde nació y cómo el agua reventaba los tubos de tanta presión que tenía. Atravesaba Tegucigalpa hasta llegar a la colonia donde casas enormes con más carros que personas estaban vigiladas por guardias privados.

**To grandma Tencha, rebellious and liberal heart
that continues with us through the blood
of her daughter and granddaughter**

Doña Rosa has worked for thirty years in the same place. There she learned about bleached white aprons and the etiquette for when the family held parties, which they did often. Lately the Cardinal and some big-bellied men dressed in military uniforms had been coming a lot, some men who spoke English and the other who looked Arab. There were always lots of rich people coming to that monstrous house. She lives in a tiny house made of concrete blocks and a sheet metal roof that a mayoral candidate gave to her when he showed up a week before the elections in the barrio. The metal was used and had little holes, but has done its job. She rises at dawn there and prays a rosary and leaves food ready for her granddaughter who is in school. She turns the faucet, praying that water will come out. Nowadays it comes less and less. Doña Rosa reminisces back to the village where she was born, how the water raged out of the faucet, pipes practically bursting from the pressure. She would cross Tegucigalpa until she got to the neighborhood

En ese lugar, un día escuchó hablar por primera vez de la llegada de Chávez. Los señores estaban alarmados porque el comunismo iba a llegar al país, porque Mel los iba a dejar entrar y se iba a hacer todo una mierda, como en Cuba, y que ese hombre se iba a llevar a los niños y a las jóvenes. Por la tele, un hombre mulato apuntó con un rifle directo a la cara de doña Rosa. ¿Ese era Chávez? *Ese señor negrito es igual a mi tío Ramón*, pensó doña Rosa. Su tío Ramón era de Olanchito y había sido preso durante el gobierno de Carías por liberal; ella también era liberal y había votado por Mel, pero eso no se lo decía mucho a nadie porque se había convertido casi en pecado. Se persignó y más tarde mientras limpiaba la plata, lo cual hacía cada dos meses, se preguntó en dónde quedaría Venezuela; luego se acordó de cuando las mujeres de su barrio le contaron que habían ido a la casa presidencial a rescatar a su presidente, pero Micheletti ya lo había despachado y sólo se ganaron unos culatazos. Ella no tenía tiempo de ir a ningún lado, menos a esos bochinches, no le fueran a dar un tiro.

Por la tarde cuando regresó a su barrio pasó por la casa del vecino, el candidato a presidente del patronato, que siempre la sacaba de dudas. *¿Chávez?*, le dijo el muchacho que tenía una mirada transparente, *es un hombre que ha logrado que la mayoría de la gente como nosotros, doña Rosa, tenga agua en su casa. Y que los hijos de los pobres puedan estudiar sin pagar nada.*

Doña Rosa llegó a su casita de tablas y zinc, dudando si es que eso era cierto. Ya estaba su nieta terminando de hacer la tarea. Era tan inteligente, pero en poco tiempo ten-

where private guards watch over enormous houses with more cars than people.

It was in that place where one day she heard for the first time about Chávez's arrival. The gentlemen were alarmed because communism was coming to the country, because Mel was going to let it in and everything was going to hell, like in Cuba, and that man was going to take away the kids and the youth. On the television, she saw a mulatto man pointing a rifle directly towards her. That was Chávez? *The guy's as black as my Uncle Ramón,* thought Doña Rosa. Her Uncle Ramón was from Olanchito and had served time in jail for being a Liberal during the government of Carías; she was also a Liberal and had voted for Mel, but she didn't go around saying that to just anybody because it had practically become a sin. She made the sign of the cross, and later on while she cleaned the silver, like she did every two months, she wondered where Venezuela might be; then she remembered when the women in her barrio told her that they had gone to the Presidential Palace to rescue their president, but that Micheletti had already sent him away and that all they got was a beat-down. She had no time to go anywhere, much less to that ruckus, she couldn't afford to take a bullet. In the afternoon when she went back to her barrio she passed by the neighbor's house, the candidate for President of the neighborhood council, who always helped her clear things up. *Chávez?* said the young man with a matter-of-fact expression, *he's a man who has made sure that people like us, Doña Rosa, have water in our houses. And that the kids of poor folk can get an education for free.*

dría que buscar trabajo porque ya no podía mantenerla en sus estudios, sólo le podía dar el colegio y ya. Y entonces, la señora tuvo una esperanza.

Mija, le dijo, *vaya arreglando su maleta porque cuando venga ese señor Chávez, usté se va a ir con él, dicen que en Venezuela estudian los pobres.*

¡Ah, no!, abuelita, le contestó la adolescente, *yo no me voy con ese viejo, que ni lo conozco.*

No se preocupe, le aseguró la mujer, *que ese Chávez es igualito que mi tío Ramón, y mi tío Ramón era un hombre muy bueno.*

Doña Rosa got back to her little house of wood and corrugated metal, wondering if that could be true. Her granddaughter was already finishing her homework. She was so smart, but pretty soon she'd have to look for work because she couldn't afford her studies, she could get her through high school and that was it. Suddenly, she had an idea that gave her hope.

Mi'ja, she told her, *go on and pack a bag up because when that Mr. Chávez comes, you're goin' with him, they say in Venezuela poor folks study.*

No way, grandma! the teenager answered her, *I'm not going with that guy, I don't even know him.*

Don't worry, the woman assured her, *that Chávez is just like my Uncle Ramón, and my Uncle Ramón was a really good man.*

Nueve

Nine

Es conocido que en todos los estados dictatoriales y autoritarios se persiga a los y las artistas contestatarios, pues sus obras suelen tener un gran poder para crear contracultura y contradiscursos, de una manera que llega muy directamente a las personas. En este tiempo de organización masiva que se ha provocado en Honduras, también surgió una instancia de Artistas en Resistencia que inicialmente se llamaron Artistas contra el golpe. Ellos y ellas, adentro o afuera de los espacios organizativos han propiciado, organizado, creado y divulgado una gran cantidad de productos culturales desde esta motivación de la resistencia: conciertos, exposiciones de pintura y fotos, libros de poesía, crónicas, documentales, obras teatrales. Con tonos que van desde el panfleto duro y puro hasta la propuesta más aguda, ingeniosa, diversa y abstracta. Por cuenta propia, como casi todo lo que ha sucedido, se dio paso a una gran cantidad de maneras artísticas de expresar la inconformidad y oposición al golpe teniendo como principal público al pueblo hondureño.

It is well known that in all dictatorial and authoritarian states opposition artists are persecuted since their works tend to have great power in creating counterculture and counter-narratives, in a way that impacts people very directly. Part of the wave of mass organization unleashed in Honduras has been a group called Artists in Resistance, initially called Artists Against the Coup. Both inside and outside of organizational spaces they have fostered, organized, created and disseminated a great number of cultural works motivated by the resistance: concerts, art and photo exhibitions, books of poetry, short stories, documentaries, theatrical productions. Ranging in form from the plain old pamphlet to the most biting, creative, wide-ranging and abstract of ideas. Organically, as with almost everything that has happened, a wide array of artistic expressions of discontent and opposition to the coup emerged, with the Honduran people as the main audience.

Últimos éxitos de Karla Lara, voceaba el vendedor, incluyendo el himno nacional[17]...

¿Cómo?

En medio de aquella muchedumbre preparada con su pañuelo, botella de agua y paños con vinagre por aquello de las lacrimógenas, Karla se acercó al hombre que vendía "sus últimos éxitos"; ella también iba vestida para la ocasión, con jeans y camiseta feminista. En cuanto él la vio, se le acercó con despliegue de simpatía: *Mire Karlita, aquí estamos promocionando su música.* Como él, muchos otros "promotores musicales" vendían discos con la música de la Resistencia o lo que ellos ubicaban como tal; desempolvaron a Jara, a Serrat, los Inti Illimani, la Sosa. Todos sumados a las novedades, música compuesta en toda América Latina para Honduras: La canción del zapatazo que tiene un gran éxito entre la niñez, las hermosas canciones desde Venezuela, Colombia, El Salvador, Cuba, y por supuesto las versiones hondureñas de rancheras, boleros y corridos con letras de la Resistencia

---

[17] Una nueva versión del himno nacional de Honduras ha sido popularizada por Karla Lara como himno de la Resistencia. El arreglo es de Nordestal Yeco, un cantautor hondureño.

Karla Lara's latest hits! shouted the street vendor, *it's got that national anthem*[17]...

Say what?

From the middle of the crowd, prepared with her bandana, bottle of water and vinegar-soaked rags for teargas, Karla came up to the man who was selling "her latest hits," dressed for the occasion, with jeans and a feminist t-shirt. As soon as he saw her, he went up to her to show some love: *Check it out Karlita, we're promoting your music here.* Like him, many other "musical promoters" were selling CD's with the music of the Resistance or what they labeled as such; they dusted off their Victor Jara, Joan Manuel Serrat, Inti-Illimani, Mercedes Sosa. All mixed in with the latest music composed from around Latin America for Honduras: the song *zapatazo* (throw your shoe) that became a big hit with the youth, the beautiful songs from Venezuela, Colombia, El Salvador, Cuba and of course the Honduran versions of *rancheras, boleros* and *corridos* with lyrics about the Resis-

---

[17] A new version of the national anthem of Honduras has been popularized by Karla Lara as the Resistance's anthem. The arrangement is by Nordestal Yeco, a Honduran singer-songwriter.

de los cuales el emblemático es el Jefe de jefes[18] dedicado a Mel.

Karla sonrió. En realidad se carcajeó al conocer a su promotor musical, pero no pudo conversar con él, pues el escenario la llamaba porque ese día además de otras actividades había un concierto. Sólo le alcanzó a decir que eso de los grandes éxitos no le gustaba para nada, sonaba a música comercial mala. El tipo se quedó pensando.

La actividad artística desatada por el movimiento había puesto en escena a conocidas artistas como Karla, quien ha sido parte de grupos musicales desde hace varios años dentro y fuera del país, pero también catapultó a novatos que se lanzaron de igual manera a la calle como a la escena. Una enorme producción de distintos géneros artísticos mezclados y en rebeldía se autoconvocaron. Junto con las pintas en los muros, se dibujaron imágenes provocadoras y evocadoras, en la calle y en múltiples recintos. En la ciudad de Tegucigalpa un gran número de imágenes fueron dibujadas en homenaje a Allan Macdonald, un caricaturista político, secuestrado junto a su hija de 17 meses el día después del golpe, y puesto en libertad bajo amenazas. Él había creado una serie de *pichingos*[19] que son parte de la cultura de los

---

[18] Jefe de jefes es un narcocorrido popular compuesto por los Tigres del Norte, grupo musical que estuvo en Honduras y visitó la casa presidencial donde Zelaya cantó con ellos alguna que otra ranchera. Esta práctica era común en Mel Zelaya: cuando Micheletti en una de sus jornadas como presidente del congreso le reclamó uno de sus supuestos actos ilegales, Mel le contestó con una ranchera mexicana llamada No me amenaces.

[19] Pichingo es un nombre hondureño para decir muñecos animados, caricaturas, dibujos, etc.

tance, the most famous being Jefe de jefes[18], Chief of chiefs, dedicated to Mel.

Karla smiled. Actually she burst out laughing when she met her musical promoter, but she couldn't chat with him, she was being called to the stage because that day on top of other activities there was a concert. All she had time to tell him was that she didn't like this business about "greatest hits" at all, it sounded like bad pop. She left the guy there thinking.

The artistic activity unleashed by the movement gave new platforms to well-known artists like Karla who had been part of bands inside and outside the country but it also catapulted brand new in front of people as much on the street as on the stage. An enormous production of distinct artistic genres came together in rebellion, pulling each other in. Together with the graffiti on the walls, they drew provocative and evocative images, in the streets and other arenas. In the city of Tegucigalpa they drew a great number of images dedicated to Allan Macdonald, a political cartoonist kidnapped along with his 17-month-old girl days after the coup, and released under threats. He had created a series of *pichingos*[19], cartoons, that are part of the culture of newspa-

---

[18] *Jefe de jefes* is a narcocorrdio composed by the Tigres del Norte, a band that was in Honduras and visited the presidential house where Zelaya sang along with some of their rancheras. This practice was common under Mel Zelaya: when Micheletti, then president of the congress accused Mel of supposed illegality, Mel answered him with a Mexican ranchera called No me amenaces, Don't threaten me.

[19] *Pichingo* is a Honduran name for puppets, cartoons, drawings, etc.

lectores de periódicos: El *pijiriche,* un perro flaco y pulgoso, emblema de la pobreza; El ñeco, un niño pobre y listo que anda semidesnudo como muchos niños en Tegucigalpa; *don Víctor,* un pensador, un filósofo. Como Macdonald declaró en una entrevista pública refiriéndose a quiénes y por qué echaron a Zelaya: "Odiaron que se lleve con los feos y miserables. Por eso lo echaron." Y por decir eso y más, a Allan los golpistas lo persiguen, como a mucha de la gente ligada al arte en resistencia.

Karla Lara se ha convertido en un símbolo importante no sólo del pueblo de Honduras, sino de las mujeres y particularmente de las feministas en la Resistencia. Ella canta y además interviene con sus palabras haciendo hincapié en la lucha contra la oligarquía, pero también contra el patriarcado y la dominación dentro del mismo movimiento y de algunos hombres y mujeres que no han entendido que se lucha al mismo tiempo contra todas las opresiones. Fuera de Honduras, Karla lleva consigo el llamado siempre urgente a que la solidaridad con el pueblo de Honduras no decaiga, pues los golpistas no han caído.

El autonombrado promotor de Karla, el señor que piratea sus discos, se le acercó al terminar el concierto, conmovido, pues es su gran admirador, y después de felicitarla, orgullosamente le entregó un rollito de billetes hondureños. *Tome,* le dijo, *aquí está su comisión, no vendimos mucho, pero algo es algo. Y ya sé cómo le vamos a poner al disco, Recorrido musical de Karla Lara, ¿verdá que suena mejor?*

per readers: The *pijriche,* a skinny and flea-filled dog, symbol of poverty; the ñeco, a poor and sharp kid half-dressed like many children in Tegucigalpa; *don Víctor,* a thinker, a philosopher. As Macdonald declared in a public interview referring to Zelaya and those who ousted him: "They hated that he hung around with the downtrodden. That's why they got rid of him." For saying that and more, the *golpistas* persecute Allan, along with so many other artists in resistance.

Karla Lara has become an important symbol not just of the people of Honduras, but of the women and particularly the feminists in Resistance. She sings and also speaks out, emphasizing the struggle against the oligarchy but also against patriarchy and domination within the movement itself and the men and women who haven't realized that you have to struggle against all oppressions at once. Outside of Honduras, Karla always spreads the urgent call for solidarity with Honduras. She exhorts people not to let it fall off. The *golpistas,* after all, have not fallen.

Karla's self-appointed promoter, the man who pirates her CD's, went up to her at the end of the concert, inspired — he is a huge fan after all — and after congratulating her, he proudly gave her a roll of Honduran money. *Take it,* he told her, *here's your commission, we didn't sell a ton but every bit counts. And I know what we're gonna call your CD now, Musical journey of Karla Lara, sounds better don't it?*

Tú no puedes comprar el aire
Tú no puedes comprar el sol
Tú no puedes comprar la luna
Tú no puedes comprar el calor..
..Tú no puedes comprar mi vida
(Latinoamérica, Calle 13 con Totó la Momposina,
Maria Rita y Susana Baca)

No you can't sell the air
No the sun is not for sale
No you can't sell the moon, no!
No the warmth is not for sale
No you can't sell my life
(English translation of "Latinoamérica," by Calle 13
with Totó la Momposina, Maria Rita and Susana Baca)

Diez

Ten

El magisterio hondureño ha sido uno de los pilares del movimiento de la resistencia, desacreditado por los medios de comunicación se ha mantenido en la calle y en las miles de actividades en todas partes, porque hay más maestros que personas de otras profesiones y por su hacer están en contacto directo con la realidad del pueblo hondureño, es decir con la miseria y la injusticia. Todos y todas en nuestras familias tenemos profesores, y si no, otros que trabajan como tales. Para desmantelarlos, el golpismo ha recurrido a todo: asesinato, amenaza, despidos, deducciones ilegales de salario, desmantelamiento del estatuto del docente[17], campañas masivas en medios de comunicación e incluso ha fortalecido una organización de padres de familia, donde casi sólo hay madres, para que sean su punta de lanza en la lucha para desmontar la organización magisterial. La educación es, sin duda, uno de los espacios claves para controlar a un país. No por casualidad los rostros y nombres de maestros y maestras nos miran desde la galería de los asesinatos del régimen actual.

---

[17] Instrumento jurídico que fue ganado en la calle por maestros y maestras donde se consignan sus derechos y prebendas laborales. El actual congreso nacional, dicen que por error, mandó un decreto para su eliminación al periódico oficial La Gaceta.

Honduran teachers have been one of the pillars of the resistance movement, disparaged by the media, they have stayed in the streets through thousands of actions all over, because there are more teachers than people in other professions and because the nature of their work puts them in direct contact with the reality of the Honruan people, which is to say with misery and injustice. We all have teachers in our families, and if not, then people who do the work. The *golpistas* have done everything they can to break them: assassinate, threaten, fire, illegally deduct salary, roll back their legal protections[17], launch mass media campaigns and even prop up a parent organization made up of almost all mothers to do their dirty work in the effort to smash teachers' organizations. Education is, without a doubt, one of the keys for controlling a country. It is no wonder that the faces and names of teachers look back at us from the gallery of those killed by the current regime.

[17] The *Estatuto del docente* is a legal instrument won in the streets by teachers

**Para Tere, Elena, Ramón, y los años com-
partidos en la placidez de la gramita**

Cuando todo iba a pasar, pero no lo sabíamos y por eso an-
dábamos como si nada, enfrascadas siempre en la sobrevivencia y en dramas menores de la vida diaria, lidiando con
este país y esperanzadas y desconfiadas por los cambios
que parecían asomarse en ese tumulto que es la historia,
Ella soñó.

Soñó con un amigo suyo que murió de manera estúpida
para un hombre que había hecho cualquier cosa arriesgada
en vida; en un accidente ridículo, contra un arbolito que era
apenas la mitad del cuerpo enorme que poseía: el impacto
le arrancó el tallo cerebral. Ese hombrón, el gordo, como le
llamaba con cariño, vino en un sueño. Se veía preocupado,
triste, y cuando abrió la boca pudo ver que sus dientes tenían dibujos mayas; eso le dio risa a Ella, y como la risa era
el modo en que se comunicaban, se burló. Pero él la vio con
demasiada seriedad y le dijo *van a ser muchos*, y abrió un
gran cuaderno, un libro en donde había nombres, cientos de
nombres. *Van a ser muchos los muertos,* le repitió. Y ella se dio
cuenta de que los nombres se salían del libro y eran miles.

**For Tere, Elena, Ramón and the years we
shared playing peacefully in the grass**

When it was all about to go down, while we unknow-
ingly went about as normal, preoccupied with survival and
the lesser dramas of daily life, dealing with this country, at
once hopeful and skeptical about the changes that seemed
to be emerging from the tumult of history, She dreamt.

A friend of hers had died senselessly, at least for a man
who had risked his life in all sorts of ways; in a ridiculous crash
with a tree that was only half the size of his own enormous
body. The impact ripped out his brain stem. That huge man, *El
Gordo,* as they called him lovingly, showed up in a dream. He
looked worried, sad, and when he opened his mouth she could
see that his teeth had Mayan drawings on them; it made Her
laugh, and since laughter was how they communicated, she
teased him. But he looked at her seriously and solemnly and
told her, *there will be many,* and opened up a thick notebook, a
book of names, hundreds of names. *The dead will be many,* he
repeated. And she realized that the names were spilling out of
the book and there were thousands. She woke up frightened,
her body cold, just before it was time to leave for work.

Se despertó asustada y con el cuerpo frío un poco antes de la hora de salida para su trabajo.

Como miles de hondureños y hondureñas, ella es maestra y tiene que viajar una hora para llegar a su centro de trabajo. *¿Por qué no dejás ese lugar tan horrible?*, le dice su hermano, *tan lejos*. Pero ella piensa en los cipotes, esos que viven donde nadie quiere ir a trabajar por lejano y pobre; en quienes la esperan todos los días, no sólo para que les descifre fórmulas científicas sino para preguntarle sobre los vericuetos del amor, sobre la injusticia de la muerte, y todos esos misterios que ella no puede resolver, pero los escucha y les responde con nombres de canciones y retazos de poesía. Mientras se bañaba en su reino de violetas, pues a las violetas, que son unas plantitas caprichosas y protectoras del espíritu, les gusta el ambiente del baño, pensó en el sueño y en lo que querría decir. Estaba acostumbrada a que los sueños siempre significan algo, pero no entendió nada. Hasta días después. Entonces retomó el tarot y yo empecé a leer las runas, porque los auxilios tienen que venir de todas partes y no despreciamos nada que nos pudiera dar pistas y entendimientos a la locura y miedo que vivimos. A la necesidad de esperanza y otras maneras de estar en la vida.

Después de ese sueño, ella ha tenido muchos más. El gordo siempre le avisa cuando habrá represión y muerte, porque represión hay siempre en las acciones del magisterio y la resistencia. En esos días ella tiembla de miedo, limpia su carro, carga algunas cosas de auxilio básicas y se va a la marcha con la conciencia clara de que el día después estaremos en otro funeral, llorando por la muerte de un compa,

Like thousands of Honduran men and women, she is a teacher and has to travel an hour to get to where she works. *Why don't you leave that wretched place?* her brother says to her, *so far away.* But she thinks about the shorties, the ones who live where nobody wants to work because of how far and poor it is; the ones who wait for her every day, not just to solve scientific formulas but to ask her about the secrets of love, about the injustice of death, and all those mysteries she can't answer but that she listens and responds to with names of songs and verses of poetry.

While she bathed in her shrine of violets — since violets, capricious plants that protect the spirit, love the bathroom environment — she thought about the dream and about what he was trying to say. In her experience, dreams always mean something, but she didn't understand anything. Not until days later. She took out the tarot cards and I started to read them, because help needs to come from all over and we don't take anything for granted that could give us clues and understandings of the madness and the fear that we live in. Of the necessity of hope and of other ways of being in life.

She's had many more dreams since that one. *El Gordo* always warns her when there will be repression and death, because there's always repression at the actions of the teachers and the resistance. On those days, shaking with fear, she cleans her car, packs some first aid supplies and heads to the march, knowing full well that the next day we will be at another funeral, crying over the death of a comrade, over the indignation that while they sleep, we say goodbye to another teacher.

por la indignación de que mientras ellos duermen, nosotros despedimos a otro maestro o a otra maestra.

¿Y cuándo será que vas a soñar con que esta mierda se acabe?, le digo una noche de toque de queda, desesperada, cuando la desesperación era parte de la esperanza de que el golpe se revirtiera. *No sé, ya ves que serán muchos los muertos, dice el himno[17], ha de ser una profecía, mirá, las luchas de nosotros los pobres siempre son así, llenas de muertos. Porque para el mundo nosotros somos como los cipotes de mi colegio,* —me dijo aspirando el humo de un cigarro— *sólo nosotras podemos querer a este país de verdad, los demás mejor lo ven por la tele. Así es, cada quién con su lucha.*

Así habla, así sueña, su sabiduría es infinita y puesta al servicio de la vida que hoy en Honduras tiene el nombre de la Resistencia. Como el de ella, todos los poderes no materiales, no nombrables, no físicos están jugando su papel en nuestra lucha. Esos caminos llenos de misterio y de otras verdades.

Todos.

---

[17] Serán muchos, Honduras, tus muertos, pero todos caerán con honor. Fragmento del himno nacional.

So when are you going to dream that this shit is over with?, I said to her in despair during one of the curfew nights, nights when exasperation was part of the inspiration to defeat the coup.

I don't know, you know how the national anthem[17] says that the dead will be many, well it's probably a prophecy, look, the struggles of us poor folk are always like that, full of losses. Because on a global level, we're like the shorties at my school, she said, inhaling cigarette smoke, only we can love this country for real, others just see it through the TV. That's how it is, we've all got struggles.

That's how she talks, that's how she dreams, her infinite wisdom at the service of life, whose name in Honduras today is Resistance. Just like hers, many powers without form, name, or shape are playing their role in our struggle. Those many paths of mystery and truth.

All of them.

---

[17] Your dead will be many, Honduras, but they will all fall with honor. Fragment of the Honduran national anthem.

Once

Eleven

Amanda siempre dijo que su nombre era un gerundio, un verbo.

Amanda Castro murió dejando a su amada Honduras entre las patas de los golpistas, de los militares y de los ladrones mentirosos ricos a costa de su gente. Y también dejó a su Honduras en manos del pueblo insurrecto y pacífico que amaba, a pesar de que a veces tuvo que dejarlo por andar en pos de la poesía y la vida que a ratos se confunden entre sí. Murió como vivió, apasionada e intensamente, entre el horror y la esperanza.

Su enfermedad estuvo marcada por la tristeza y murió triste por el golpe y plena de haber visto a tanta gente de pie, sin miedo, con un valor que te cagás, decía riéndose del mal gusto de esta frase, ella que degustaba las palabras.

Se había ganado una lotería genética y su enfermedad era tan rara como mortal, pero Honduras la sanaba, y sobre todo Comayagüela, la del mercado y el río tufoso.

¿Qué hace para estar viva?, le dijo un médico gringo que no entendía su mortalidad.

Bebo guaro[17], le contestó, *escribo poesía y estoy en mi tierra.*

[17] Alcohol destilado de la caña, de precio barato y de alto impacto para el hígado.

Amanda always said that her name was a gerund, from the verb amar, "to love."

Amanda Castro died leaving her beloved Honduras beneath the boot of the golpistas, the military, and the deceitful thieves, rich off the backs of her people. She also left Honduras in the hands of the insurrectionary and peaceful people that she loved, despite having to leave it from time to time in pursuit of poetry and life, at times blurring together. She died like she lived, passionately and intensely, between horror and hope.

Her disease came with sorrow and she died sad about the coup but fullfilled by the sight of so many people rising up, fearless, shit-your-pants brave, she said laughing at that tasteless phrase, she who never liked words.

Her luck had dealt her a genetic disease as rare as it is fatal, but Honduras healed her, especially Comayagüela with its bustling street market and revolting river.

What's keeping you alive? Asked a gringo doctor who didn't understand her vitality.

I drink guaro[17], she answered, *I write poetry and I'm in my motherland.*

---

[17] An alcohol distilled from sugar cane, low cost and high impact for the liver.

Pues no sé qué hay ahí, pero siga, siga.

Todos los que se habían hecho el trasplante de pulmón ya estaban muertos, ella se salió a tiempo de aquella lista de espera mortal.

De adolescente, de tanto llamar a la muerte, un día le llegó. A la muerte no se la llama porque hace caso, me aseguraba. Y cuando vio su rostro de frente decidió que lo que más quería era vivir y que por mucha mierda que le tocó enfrentar que le perforó los pulmones, había demasiada poesía en la vida.

Y ella amaba sobre todo a la poesía y a todas las mujeres, pero su favorita era Honduras.

Cuando las movilizaciones eran poesía en la calle, tan coloridas, ingeniosas y a veces ingenuas; llenas de pasión, de cantos, de gritos, ella lloraba por no poder ir, y hacía que le contáramos los detalles y los sentimientos. Me hacía repetirle la historia de las mujeres que el día del aeropuerto, aquel 5 de julio inolvidable, les dieron bolsas de agua a los soldados, porque "pobrecitos los muchachos, han aguantado sol como nosotras", y no veían la diferencia entre esos muchachos y sus nietos o sobrinos.

Ves, me decía, eso es este pueblo, estos majes golpistas no tienen ni idea de quiénes somos, ¿Y será que nosotros sí tenemos idea?, ¿La tienen los que llevan a la gente a la protesta, a poner su cuerpo frente al fusil?

Ella era una escuela de resistencia, su modo de resistir era refinado y potente, era contra la muerte anunciada que la buscaba, y a quien burló por años encontrando maneras para evadirla, para seducirla, para dilatarla. En los meses de

Well I don't what it is, but keep it up.

Everyone who had done the lung transplant had already died, she got off that deadly waiting list in time.

As a teenager, from having called death's name so many times, one day it visited her. *You don't call death's name because it will answer,* she assured me. And when she came face-to-face with it she decided what she wanted most was to live and that despite the shit she would have to face from having her lungs punctured, there was too much poetry in life. And she loved poetry and women more than anything, all women, though her favorite was Honduras.

When the protests were poetry in the streets, so colorful, clever and at times credulous; full of passion, of songs, of screams, she would cry because she couldn't go, and she would make us tell her of all the details, all the feelings. She would make me repeat the story of the women that day at the airport, that unforgettable 5th of July, when they gave bags of water to the soldiers, because *the poor boys, they've had to stand under the sun like us,* and they couldn't see the difference between those young men and their grandchilren or nephews.

You see, she would tell me, *that's our people, these foolish golpistas have no idea who we are, but do we even really know? Do those who take people to protest, to put their bodies in front of the guns?*

She was a school of resistance, her form of resistance was practiced and potent, it was against the impending death that sought her, and with whom she toyed for years, finding ways to avoid it, to seduce it, to delay it. In the months of

golpe que le tocaron, antes del 19 de marzo en que dejamos su cuerpo en el cementerio de Comayaguela, Amanda Castro, poeta y feminista, jalando su tanque de oxígeno, escribió miles de letras, reenvió información contra el golpe de estado, participó de espacios de acción colectiva, hizo ayunos y acciones públicas y privadas para colaborar con esta lucha por la dignidad que se hizo masiva el 28 de junio del 2009.

Una noche de septiembre de ese año le lanzaron una enorme piedra contra la ventana de vidrio de su habitación, ella había iniciado un ayuno de protesta en el parque central junto a otros ciudadanos. El golpe fue certero y criminal, los vidrios estaban por todas partes, y la piedra sobre la cama. No había nadie durmiendo porque ella era poca para dormir y su cuarto de escritura era otro. Para reparar la ventana necesito cambiarlo todo, me dijo, igual que en este país, hay que cambiarlo todo, por eso tenemos que refundarlo.

Unos días después en esa habitación de la escritura, rodeada de libros propios y ajenos, escribió un texto para el 8 de marzo, la noche en que otras mujeres le hicieron un homenaje. Un homenaje ántemo, lo nombró y lo leyó en el teatro nacional, avergonzada por la ceremonia, y feliz, rodeada de lo que le extendió la vida más allá de la ciencia médica: el amor, la poesía, la lucha de las mujeres.

Aquí sus palabras que saben lo que dicen.

the coup that she lived through, up until March 19th when we left her body in the cemetery of Comayagüela, Amanda Castro, poet and feminist, oxygen tank in tow, wrote thousands of letters, disseminating information against the coup d'etat, participating in spaces of collective action, fasting, taking both public and private actions to join in this struggle for dignity that became massive on June 28th, 2009.

One night in September of that year they threw an enormous rock through the window of her bedroom. She had started a hunger strike in the central park along with other citizens. The blow was precise and pernicious, there was glass all over, and the rock was on the bed. There was nobody sleeping because she didn't sleep much and did her writing in another room. *I'll need to change the whole window to fix it, she told me, just like this country, it all needs to be changed, that's why we have to re-found it.*

A few days later in that writing room, surrounded by her own books and those of others, she wrote a text for March 8th, the night that other women held a pre-mortem tribute to her. Pre-mortem Euology, she named it. She read it in the National Theater, embarrased but elated about the ceremony, surrounded by that which extended her life further than medical science: love, poetry, the struggle of women.

Here are her words that know what they say.

Homenaje Ántemo
(fragmento)

Saber que has escuchado cada uno de mis versos
Cada palabra que he dicho en tu nombre
Saber que me valió la pena todo cuanto he vivido
Para estar un día con vos, con ustedes, con ustedas
Así como estoy esta noche feliz y comprendiendo profunda-
mente la manera en que una mujer o dos o cuatro o más o
todas logramos trascender la muerte. ¿Cómo puede alguien
anteponerse a la muerte? sólo aquella alma que ha despertado
y ha realizado que está viva podría hacer negociaciones con la
muerte, seducirla, convencerla de que aún no es tiempo, con-
fundirla, dormirla para que se le olvide recogerla.
Sólo una alma que vive pendiente de que se acabe el aire podría
pensar largos tiempos y sobrepasar las expectativas y las pre-
dicciones que se hicieron sobre su vida
Homenaje ántemo es precisamente esta vida que tanto nos
presagia la muerte, es esta luz que tanto nos duele a veces.
(...) Esta vida la vivimos porque la amamos
porque amamos
porque nos amamos.

Pre-mortem Eulogy
(fragment)

    To know that you have listened to each one of my verses
Each word that I have spoken in your name
To know that as much as I have lived through it was all
worth it to me
To be one day with you, with you all, with you all
Just as I am tonight, happy and understanding deeply
the way that
a woman or two or four or more or all of us are able to
transcend death. How can
someone come out ahead of death? only that soul that
has woke and has realized
that she is alive could bargain with death, seduce it, con-
vince it that it is
not yet time, confuse it, put it to sleep so it forgets to
come for her.
Only a soul that lives knowing that the air is running
out could think ahead and surpass expectations and
predictions made about her life
A pre-mortem eulogy is precisely this life that always
presages our death, in this
light that hurts us so much sometimes.
(...) This life, we live because we love
Because we love
Because we love ourselves

Doce

Twelve

No puede refundarse un país si no se valora material y simbólica-
mente el trabajo de las mujeres, si no se cambia la división sexual
del trabajo, porque no se reinventa un país sólo pensando en las
clases sociales y su conflicto, sino también en las obreras y las
campesinas, claro, las de cuerpos sexuados que además de cumplir
con las labores asalariadas para el patrón, tienen que hacer millo-
nes de veces lo mismo en sus casas por esta obligación esclava y
mundial a nombre de un amor que envilece a las mujeres en su
tiempo, su materialidad y creatividad.

Lavar y remendar ropa; barrer, sacudir, trapear y lavar los
patios; cuidar cipotes, hacerles de comer, ir a reuniones de la
escuela, echar tortillas, planchar, cocer quintales de frijoles,
ponerle agua a las plantas; ir al mercado, hacer que ajuste
el pisto. Convivir con maridos mentirosos, chistes machis-
tas, hijos malcriados, ladrones de barrio, dioses misóginos,
políticos ladrones. Y volver a lavar y planchar y tender las

A country cannot refound itself if it does not materially and symbolically value the work of women, if the gendered division of labor does not change. A country doesn't reinvent itself just by thinking about social classes and their conflict, if it doesn't also think of working women and peasant women, those whose bodies are objectified, who besides their salaried labor for the boss have to repeat the same tasks over-and-over millions of times in their houses, captive to that universal obligation that degrades women's time, appearance and creations in the name of love.

A country cannot refound itself if it does not materially and symbolically value the work of women, if the gendered division of labor does not change. A country doesn't reinvent itself just by thinking about social classes and their conflict, if it doesn't also think of working women and peasant women, those whose bodies are objectified, who besides their salaried labor for the boss have to repeat the

camas hasta el día después cuando todo vuelve a empezar. El trabajo para mantener la vida no lo paga nadie, sólo se paga bien el que destruye, el de los ejércitos y los sicarios. Y las mujeres hacen su gratuita labor porque les dijeron era la suya, la que da cuenta de su amor por la familia, por la patria y la humanidad. Mierda, pura mierda, el discurso, sus portavoces y sus instrumentos.

Pero cuando las mujeres deciden por gusto y cuenta propia irse a lavar la vergüenza del país, estamos hablando de otro pisto[17]. *A lavar, a lavar, la vergüenza nacional* coreaban la consigna una docena de feministas en el centro de la ciudad de Tegucigalpa, mientras con escobas y cloro ponían en marcha su milenaria práctica doméstica frente a periodistas, militares y funcionarios, que un rato después lucían sus ropas despintadas por efectos del blanqueador. Restregaban el piso, la bandera nacional, repartían volantes y hablaban con sus megáfonos para recordarle a todos y a todas que su trabajo tan oculto y tan poco valorado se estaba tomando las plazas y se refería a la política de la casa, del país y del mundo, con la experiencia acumulada por años y generaciones de mujeres que no han sido atrofiadas a pesar de la explotación del servicio familiar obligatorio.

Las Feministas en Resistencia no han dejado de hacer una gran cantidad de acciones que con símbolos y actos han señalado otros rumbos en las prácticas políticas de grupos que interpelan al poder. Han usado el color, el teatro, la música; han hecho ruido, acciones sorpresivas, actos osados.

---

[17] Es otro pisto, un hondureñismo para decir que es otra cosa, tiene otro significado.

same tasks over-and-over millions of times in their houses, captive to that universal obligation that degrades women's time, appearance and creations in the name of love.

Wash and patch clothes; sweep, dust, mop and wash porches; take care of shorties, make their food, go to school meetings, make tortillas, iron, cook sacks of beans, water the plans; go to the market, make the money stretch. Live with lying husbands, machista jokes, misbehaved kids, neighborhood thieves, mysogenist gods, thieving politicians. And again wash and iron and make beds until the next day when everything starts all over again. Nobody pays for the work that makes life possible, the only ones paid well are those who destroy, those of the armies and the assasins. And the women do free labor because they were told it was for them, the way to show their love for their family, for fatherland and humanity. Bullshit, pure bullshit, the discourse, its spokesmen and their instruments.

But when the women decide for themselves they want to go wash away the country's shame, that's a whole other ball game. *Wash the place, wash away, the national disgrace* was the chanted chorus of a dozen feminists in the center of the city in Tegucigalpa, who with brooms and bleech deployed their timeless domestic practice in front of journlaists, soldiers and functionaries, whose clothes moments later would all be faded from the bleach. They scrubbed the ground, the national flag, they distributed fliers and spoke through megaphones to remind each and every man and woman that their work, so hidden and undervalued, was now taking center stage in the plazas. They talked of the

Un día acuerdan ir a la corte suprema de justicia donde esperarían a que doña Xiomara Castro, no la mujer de Mel, sino la mujer con discurso capaz de llevar el pulso del pueblo en resistencia y acompañarlo en las calles, a pesar de los cordones militares y los tanques, se hiciera presente a poner su denuncia contra los golpistas por tanto oprobio a su familia y a su pueblo. De a poco fueron llegando las mujeres, como llegan todos los días a exigirle al sistema la justicia que a diario les niega. Entraron como usuarias del servicio y desde temprano ya estaban llenos de activistas los juzgados. Otro grupo, el que traía la manta, llegó después. Como todos los edificios, la Corte estaba rodeada de militares. Adentro y afuera estaban las feministas esperando el momento preciso para hacer el piquete. Tenía que llegar la señora Castro, pero la señora nunca llegó.

Cuando se enteraron de la oportunidad fallida se vieron y se dijeron: Pues ya que estamos aquí **¿Quiénes somos? Feministas en Resistencia.** Lanzaron su consigna de presentación y desplegaron la manta llena de colores y flores, pintada por manos artistas, donde ponían su lema principal: **Ni golpes de estado, ni golpes a las mujeres.** Entre cuatro empezaron a gritar, pues el número ya no les preocupaba. Las que se hacían pasar por usuarias salieron dejando vacío la sala de los juzgados. Una jueza amiga les sugirió que se tomaran la corte, pero el ejército pensó en que eso harían y aumentó su presencia. Un camión militar se acercó al edificio. Las feministas midieron su fuerza, se mantuvieron en el plantón ya todas juntas como lo harían tantas veces, con sus camisetas de colores, sus miradas de luz contra el miedo,

politics of the home, of the country and of the world, with experience accumulated from years and generations of women who have never atrophied despite their exploitation through obligatory family labors.

The Feminists in Resistance have not stopped carrying out a great number of actions that with symbols and signs and skits have pointed to other paths in the political practices of groups fighting for power. They have used color, theater, music; they've used noise, surprise actions, courageous acts.

One day they agreed to go to the Supreme Court where they would wait for doña Xiomara Castro, not for the wife of Mel Zelaya, but for the woman whose speeches carried the momentum of a people in resistance, who accompanied them in the streets despite the military blockades and the tanks. She was supposed to come file a complaint against the *golpistas* for so many shameful attacks on her family and her people. Bit by bit the women showed up, like they do every day to make demands on a system that denies them justice daily. They came in like any person using the services, and from early on the courtrooms were full of activists. Another group came later with the banner. Like all buildings, the court was surrounded by military. Inside and outside the feminists were waiting for just the right moment to start the action. Ms. Castro was supposed to show up, but she never did.

When they realized that the opportunity had passed they looked at each other and said, well, *since we're here anyway,* **Who are we? Feminists in Resistance!** They unleashed

y sus voces altas. Se acercaron unas a otras, y cerraron un círculo de protección ante la violencia como lo habían hecho por siglos frente a machos de toda ralea y frente a la embajada americana, la embajada de brasil, el ministerio público, la casa presidencial, el estadio nacional, el parque la merced, el parque central, los medios de comunicación golpista, las sedes de organizaciones populares, y por supuesto, el instituto nacional de la mujer ahora entregado a esas otras que teniendo el cuerpo similar, son cómplices de la barbarie patriarcal.

Con sus cuerpos, las feministas en resistencia recorrieron el mapa de Tegucigalpa de una manera distinta y recobraron esa noción de territorio haciendo explícita su lógica de movimiento creativo, poderoso y no violento, pues si fuéramos violentas: "Imaginate, cuánto macho estaría muerto, já, hasta varios dirigentes de la resistencia estarían en el cementerio", bromean, pero es en serio.

Cuando se cansaron de gritar ante la Corte, doblaron su manta y se fueron a buscar unas baleadas[18] porque para entonces, ya con el sol alto, ninguna de ellas había desayunado.

---

[18] Baleadas son tortillas de harina de trigo hechas al comal que se rellenan con frijoles y queso y son típicas en el país. Ese nombre es parte de la criminal gastronomía hondureña, también existen las macheteadas, los pastelitos de perro y los sanguches de basura, terrible ironía para un país con los más altos índices de femicidio de América Latina.

their initial chant and unfurlled their banner, full of color and flowers and painted by artists, where they put their main slogan: **Yes to coup resistors, No to beating sisters.** Among the four of them they started to shout, their numbers didn't worry them. The women who had been pretending to be clients got up, leaving the courtrooms empty. A friendly female judge suggested that they take over the courthouse, but the army anticipated that and increased its presence. A military truck pulled up to the building. The feminists, now all together, sized up their strength and held the line, with their colorful t-shirts, their brilliant faces conquering fear, their voices raised. They moved in close together and created a closed circle to protect themselves from violence as they had done for centuries in front of all sorts of men, of the U.S. embassy, the Brazillian embassy, the attorney general's office, the presidential palace, the national stadium, the *parque la merced,* the central park, the *golpista* media outlets, the headquarters of mass organizations, and of course, the National Women's Institute, now handed over to those others who look like them yet are accomplices to the barbarism of patriarchy.

With their bodies, the feminists in resistance marched all over the map of Tegucigalpa in a different way, reclaiming the notion of territory and making explicit their own creative, powerful and non-violent movement logic, *because if we were violent imagine how many men would be dead, ha! Even some of the leaders in the resistance would be in the cemetery,* they said, laughing but serious.

When they got tired of shouting in front of the court-

house, they folded up their banner and went to look for some baleadas[17] because up till then, with the sun already high, none of them had eaten breakfast.

---

[17] Baleadas are flour tortillas made on the griddle and filled with beans and cheese and are very typical in the country. The name, which means "a woman who has been shot," is part of the criminal Honduran cuisine, along with macheteadas (literally women who have been cut up by a machete), pastelitos de perro (dog pastries) and sanguches de basura (trash sandwiches), a terrible irony for a country with the highest incidence of femicide in Latin America.

Trece

Thirteen

Para montse y mirta y cris: mis cómplices

Cuando a la nieta que aún no ha crecido, su propia nieta le pregunte como era este tiempo: le contestará que era duro y poderoso.

Que cada día se escribía a diario con los cuerpos resistentes de las indígenas, las negras, de los hombres y las mujeres que tenían la convicción fuerte, la palabra sin mentira, la risa sin permiso y el corazón tierno.

Que las feministas luchamos con todo lo que sabíamos y podíamos para darnos a todos, a nosotras, a ellas y sus hijas, un país con justicia, sin miedo y sin guerra.

Le contará entonces que ganamos.

For montse and mirta and cris: my accomplices

When the granddaughter of the granddaughter who has yet to grow up asks her about these times: she will answer that they were painful and powerful.

That every day the day's history was written by the resilient bodies of indigenous women, black women, of men and women with strong convictions, words without lies, laughter without permission and tender hearts.

That we feminists struggled with everything we knew and gave our all in order to give to everyone, to ourselves, to them and their daughters, a country of justice, without fear and without war.

Then she will tell her that we won.

CPSIA information can be obtained
at www.ICGtesting.com
Printed in the USA
FSHW011332300821
84396FS